Johannes Hartl & Andreas Hardt

basic.

jesusmäßig durchstarten in 60 Tagen

D&D Medien

Gewerbestraße 5, 88287 Grünkraut
www.ddmedien.com

Herausgegeben in Zusammenarbeit mit der JCE
(Jugendarbeit der Charismatischen Erneuerung in
der katholischen Kirche)
www.jce-online.de
jce@jce-online.de

Coverdesign: Christian Bader (www.agentur2.de)
Layout & Satz: Johannes Hartl
Illustrationen & Fotos: Johannes Hartl und JCE
Druck: Druckerei Steinmeier, D-86720 Nördlingen

ISBN: 978-3-932842-78-8

Hi!

Herzlich willkommen bei *basic,* Deinem persönlichen Baukasten für 60 jesusmäßige Tage. Wir heißen Andy und Johannes, sind 20 bzw. 28 Jahre alt und haben beide erfahren, dass ein Leben mit Jesus einfach das Beste ist, was einem passieren kann. **Deshalb: Schnall Dich an und mach Dich bereit für 60 Tage, die Dein Leben verändern können.**

Wie funktioniert das?
Du findest für jeden der 60 Tage einen kleinen Text und eine Aufgabe. Wenn Du das liest und die Aufgabe machst, wirst Du nach und nach lernen, wie ein krasses Leben mit Jesus aussieht. Außerdem laden wir Dich ein, jeden Tag 10 Minuten lang zu beten. Und das geht so:

Wie mach ich 'ne Gebetszeit?

1. Schritt: Such Dir einen ruhigen Platz. Eine Kerze, ein Kreuz oder sowas kann helfen, dass Du Dich auf Gott konzentrierst.
2. Schritt: Sag Hallo. Begrüße Gott.
3. Schritt: Lies Gott einen Psalm vor (Du findest einige im hinteren Teil des Buches). Lies lieber langsam als schnell. Und wenn Dir ein Satz besonders gefällt, dann lies ihn öfter.
4. Schritt: Erzähl Gott einfach, was Dir so auf dem Herzen liegt. Danke ihm für das, was läuft, und bitte ihn um Hilfe, wenn Du Sorgen oder Probleme hast.

>> das war's! „So einfach??" Ja - so einfach. Versuch nicht, sofort total lang zu beten. Nimm Dir eine kurze Zeit vor (5 oder 10 Minuten), aber zieh die durch, koste es, was es wolle. Du kannst zum Beispiel immer erst Deinen *basic*-Text lesen und dann die 10 Minuten beten.

OK, und jetzt geht's los! Doch zuerst kommt noch ein Selbstcheck und ein Vertrag mit Gott.

Selbstcheck

Nimm Dir ein Blatt Papier und unterteile es in Bereiche: 1. Familie, 2. Schule/Job, 3. Freunde, 4. Gott. Schreib dann unter jedem Bereich unter „+" das, was in dem Bereich gerade gut läuft, und unter „-", was schlecht läuft.

Wie geht es Dir in Deinem Freundeskreis? In Schule und Beruf? Mit Deiner Familie? Wie geht es Deiner Beziehung zu Gott? Gibt es eine?

Vertrag mit Gott

Ich, ______________________________, werde in den nächsten 60 Tagen jeden Tag meine *basic*-Texte lesen, die Übungen machen und versuchen, die Gebetszeit einzuhalten. Gott, ich möchte Dich besser kennen lernen und auch was dafür tun. Dafür bitte ich Dich um Deine Hilfe, damit ich das schaffe und es wirklich 60 jesusmäßige Tage werden.

Amen.

____

Ort, Datum, Unterschrift

tag 01: made by god

Psalm 139,15-16: „Als ich geformt wurde im Dunkeln, kunstvoll gewirkt in den Tiefen der Erde, waren meine Glieder dir nicht verborgen. Deine Augen sahen, wie ich entstand, in deinem Buch war schon alles verzeichnet; meine Tage waren schon gebildet, als noch keiner von ihnen da war."

Gott hat uns aus Liebe erschaffen! Wir sind kein Produkt des Zufalls, und Gott macht auch keine Fehler. Er hat uns genau so geschaffen und gewollt, wie wir sind. Überleg doch mal: Wie könnte denn ein so perfektes System wie die Welt durch Millionen von Zufällen entstehen? Nichts in der Natur ist aus Zufall – und auch Dein Leben gibt es nicht aus Zufall, sondern weil Gott GENAU DICH haben wollte!

AUFGABE: Sag Gott „Danke!", dass er Dich aus Liebe erschaffen hat. Welche Gefühle löst der Gedanke in Dir aus, dass Du kein Zufall bist und aus Liebe erschaffen wurdest?

tag 02: Facts über Gott

Dtn 6,4-5: „Höre, Israel! Jahwe, unser Gott, Jahwe ist einzig. Darum sollst du den Herrn, deinen Gott, lieben mit ganzem Herzen, mit ganzer Seele und mit ganzer Kraft.“

Die Bibel gibt uns ziemlich genaue Auskunft darüber, wie Gott ist. Erstmal: Es gibt nur EINEN Gott. Und der ist auch nicht irgend so eine nebulöse Energie oder so, sondern eine Person. Gott ist unsterblich, allmächtig und außerhalb von Raum und Zeit. Doch damit noch nicht genug. Weil er die totale Liebe ist, verschenkt Gott sich und wird Mensch. Es gibt also Gott Vater und Gott Sohn - Jesus. Und zwischen den beiden herrscht so viel Liebe, dass diese Beziehung selbst wieder eine Person ist: der Heilige Geist. Theologisch heißt das „Dreifaltigkeit“. Das bedeutet: Es gibt nur einen Gott, doch der ist drei Personen in einer. Ganz schön schwer zu verstehen oder? ... halt einfach GOTT!

ÜBUNG: Die Bibelstelle, die oben steht, ist eine der wichtigsten Stellen in der ganzen Bibel und bis heute das Glaubensbekenntnis der Juden. Lerne sie auswendig. Diese Investition an Gehirnzellen wirst Du nicht bereuen!

tag 03: gott ist ... wow!

Psalm 104,1-2:
„Herr, mein Gott, wie groß bist du!
Du bist mit Hoheit und Pracht bekleidet.
Du hüllst dich in Licht wie in ein Kleid,
du spannst den Himmel aus wie ein Zelt."

Unser kleines Gehirn kann nicht fassen, wie wunderbar Gott ist. Wenn Du Dir den Grand Canyon vorstellst, das endlose Meer oder die Berge ... - wie genial muss erst der Designer von all dem sein! Tatsache ist, dass Gott in sich die totale Schönheit ist. Und er ist happy, es geht ihm richtig gut. Er hat uns gemacht, weil er einfach Lust hatte, sein Glück zu teilen!

AUFGABE: Nimm Dir heute oder morgen mal eine halbe Stunde Zeit, in der Natur spazieren zu gehen. Versuche dabei, mit Gott zu reden und ihm zu sagen, wie schön er alles erschaffen hat.

tag 04: Geliebt. Einfach so.

Jesaja 43,4: „Weil du in meinen Augen teuer und wertvoll bist und weil ich dich liebe, gebe ich für dich ganze Länder und für dein Leben ganze Völker."

Stell Dir vor, jemand von einer total berühmten Band oder ein weltbekannter Sportler würde Dich vor den Augen von Millionen Menschen auf die Bühne holen und sagen, dass Du einfach der/die Beste bist und dass er Dich total super findet. Wow - was für ein Gefühl wäre das. Die Wahrheit ist aber noch viel besser: Der Chef des ganzen Universums selbst liebt Dich und kennt Deinen Namen! Fakt ist, dass er eine persönliche Beziehung mit Dir haben will. Und dass er Dich liebt, obwohl Du nicht perfekt bist. Einfach so!

ÜBUNG: Überleg mal: Wann in Deinem Leben hast Du Dich mal total geliebt gefühlt? Danke Gott dafür, dass er Dich 10000000000 mal mehr liebt, als Du Dich damals gefühlt hast!

tag 05: Gott füllt unser Liebes-loch

1 Joh 4,16: „Gott ist die Liebe, und wer in der Liebe bleibt, bleibt in Gott, und Gott bleibt in ihm.“

Gott hat Dich erschaffen, damit er Beziehung mit Dir haben kann. Der Sinn des Lebens ist, von Gott geliebt zu werden und ihn und die Menschen zu lieben. Und das bedeutet totale Erfüllung. Tief in uns ist eine Sehnsucht danach, diese Liebe zu erfahren. Doch nur Gott kann unser „Liebesloch“ 100% füllen. Wenn wir von Menschen oder Dingen das erhoffen, werden wir sicher enttäuscht!

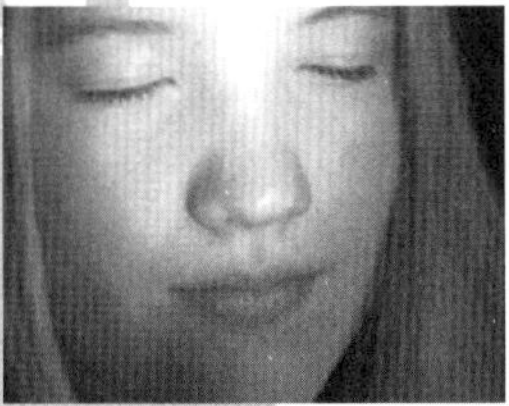

ÜBUNG: Überleg Dir, was Du machst, um Dich aufzubauen, wenn es Dir echt schlecht geht. Nimm Dir vor, in solchen Situationen erst Gott um seinen Trost zu bitten.

tag 06: Bla Bla Bla Laber Bla

Mt 6,6: „Du aber geh in deine Kammer, wenn du betest, und schließ die Tür zu; dann bete zu deinem Vater, der im Verborgenen ist. Dein Vater, der auch das Verborgene sieht, wird es dir vergelten."

Gebet ist nichts anderes, als mit einem guten Freund reden. Du kannst Gott einfach erzählen, was Dir auf dem Herzen liegt. Oder versuch mal, ganz still zu sein und zu genießen, dass Gott da ist und Dich liebt. Die Sache ist nämlich: Gott ist immer da, wir müssen ihn nicht herbeibeten. Nur wir sind oft nicht da, sondern in Gedanken ganz woanders ...

AUFGABE: Nimm Dir heute mal eine halbe Stunde an einem Ort, wo Du total ungestört bist, nach Möglichkeit in der Natur oder in einer Kirche. Schenke Gott diese Zeit und sprich mit ihm.

tag 07: der Masterplan

Jer 29,11-12: „Denn ich, ich kenne meine Pläne, die ich für euch habe - Spruch des Herrn -, Pläne des Heils und nicht des Unheils; denn ich will euch eine Zukunft und eine Hoffnung geben. Wenn ihr mich ruft, wenn ihr kommt und zu mir betet, so erhöre ich euch."

Gott hat einen Plan für Dein Leben. Er möchte, dass Du glücklich wirst und in dieser Welt etwas zum Besseren veränderst. Er hat wunderbare Gaben in Dich reingelegt und möchte, dass Du sie entdeckst. Menschen, die 100% nach Gottes Plan leben, heißen „heilig" - es sind Menschen, die alles in ihrem Leben aus Liebe tun. Und das bedeutet, glücklich zu sein! Doch Gott drückt Dir seinen Plan nicht auf, er lädt Dich aber ein, Dich darauf einzulassen.

ÜBUNG: Stell Dir vor, Du bist mit 95 gestorben und an Deinem Grab halten Deine Freunde Reden, was Du im Leben erreicht hast, welch ein Mensch Du warst usw.. Was würdest Du Dir wünschen, dass sie sagen („xy war immer freundlich", „xy verfolgte ihre Ziele und erreichte sie", „xy baute ein Waisenhaus für arme Kinder in Indien")? Bringe diese Dinge im Gebet vor Gott und frage ihn, ob das auch seine Pläne für Dein Leben sind.

tag 08: shit happens.

Röm 3,23: „Alle haben gesündigt und die Herrlichkeit Gottes verloren."

Durch den Ungehorsam und das Misstrauen kam die Sünde in die Welt. Die Bibel erzählt das in der Geschichte von Adam und Eva. Dieses Ereignis war so einschneidend, dass sich sowohl die Menschheit verändert hat, als auch die gesamte Natur. Plötzlich gab es den Tod, es war Streit zwischen den Menschen, Vergewaltigungen, Mord und alles nur erdenklich Schlechte war jetzt in der Welt. Schmerzen, Trauer, Angst - all das wollte Gott nicht! Und das alles nur, weil Menschen nicht vertrauen wollten, dass Gottes Wille für sie das Beste ist!

AUFGABE: Frag Dich: Kenne ich Momente, wo ich mich von Gott getrennt gefühlt habe? Habe ich mal den Kontakt zu Gott verloren? Wodurch?

tag 09: warum gibt es das böse in der welt?

Weisheit 1,13: „Denn Gott hat den Tod nicht gemacht und hat keine Freude am Untergang der Lebenden."

Gott hatte einen perfekten Plan für unsere Welt, doch dieser Plan ist durch die Sünde aus dem Gleichgewicht geraten. Gott will nicht, dass es uns schlecht geht und wir krank sind, sondern er will trotz allem Bösen die Welt zum Guten führen. Das Problem ist nur: Unsere Sünden haben Auswirkungen auf die ganze Welt. Leider trifft es sehr oft Unschuldige. Was uns Hoffnung geben kann, ist: Gott war dieses Leid auf der Erde nicht egal, er sandte Jesus ... doch dazu morgen mehr!

AUFGABE: Gibt es irgendetwas Böses in der Welt, das Dich besonders belastet? Etwas in Deiner Umgebung oder etwas Weltweites? Bring heute im Gebet diese Sache vor Gott.

tag 10: Jesus?

Johannes 3,16: „Denn Gott hat die Welt so sehr geliebt, dass er seinen einzigen Sohn hingab, damit jeder, der an ihn glaubt, nicht zugrunde geht, sondern das ewige Leben hat."

Jesus wurde ca. um 7 v. Chr. von Maria geboren - doch auf übernatürliche Weise von Gott gezeugt. Das heißt: Er ist Gott und Mensch zugleich und er beging keine Sünde, wobei er dennoch genauso mit der Sünde zu kämpfen hatte wie wir. Er lernte, arbeitete und gehorchte seinen Eltern. Er kannte Gefühle wie Angst, Liebe und Traurigkeit. Doch mit 30 begann er durch Taten, Wunder und Predigten zu zeigen, dass er menschgewordener Gott ist, der Fehler und Schuld vergibt. Er zeigt uns, wie Gott ist. Jesus hat existiert, das beweisen uns auch römische und jüdische Geschichtsschreiber, die nichts mit der Bibel zu tun haben.

AUFGABE: In Joh 3,16 wird die ganze Botschaft Jesu zusammengefasst, deshalb lern den Vers auswendig!

tag 11: Leben wie Jesus?!

Mt 7,12: „Alles, was ihr also von anderen erwartet, das tut auch ihnen! Darin besteht das Gesetz und die Propheten." [Anm.: das Alte Testament]

Der jesusmäßige Lifestyle ist ganz schön heftig: Man soll alle Menschen lieben, sogar seine Feinde! Man soll andere nicht verurteilen (lästern), sondern ihnen vergeben. Jesus will, dass wir seinen Lebensstil nachahmen und 100% an IHN glauben. Und das heißt: Böses nicht mit Bösem vergelten, sondern anderen Gutes tun. Nicht mal Böses über andere denken ... Nie lügen - auch keine „Notlügen"! Ganz schön krass. Einfach jesusmäßig radikal. Doch die genialste Art zu leben - gegen den Strom!

AUFGABE: Tu heute oder morgen irgendeinem Menschen etwas Gutes. Hilf jemandem, mach jemandem ein Geschenk, besuch einen kranken oder alten Menschen, ruf Deine Großeltern an ... lass Dir was einfallen!

tag 12: warum starb Jesus?

1 Petrus 2,24: „Er hat unsere Sünden mit seinem Leib auf das Holz des Kreuzes getragen, damit wir tot seien für die Sünden und für die Gerechtigkeit leben. Durch seine Wunden seid ihr geheilt."

1. Jesus starb, weil Menschen ihn weghaben wollten - er wurde ermordet
2. Jesus wehrte sich nicht und ging bewusst in den Tod - er hatte eine Botschaft, die es sogar wert war, dafür am Kreuz zu sterben.
3. Die Menschen haben sich durch ihre Sünden so weit von Gott entfernt, dass diese Schuld kein Mensch bezahlen kann. Jesus hat am Kreuz diese Schuld für uns getragen, unsere Rechnung bezahlt. Durch sein Leiden können unsere Sünden vergeben werden und wir haben das ewige Leben GRATIS. Weil Jesus für DICH sein Blut vergossen hat.

AUFGABE: Hast Du ein Kreuz? Häng es an einem gut sichtbaren Ort im Zimmer auf oder trage ein kleines Kreuz um den Hals. Wenn Du keins hast: kaufe eines, bastle eines, male eines ... Jesus ist aus Liebe zu uns am Kreuz gestorben, daran erinnert uns so ein Gegenstand.

tag 13: Die zweite Chance

2 Kor 5,17: „Wenn also jemand in Christus ist, dann ist er eine neue Schöpfung: Das Alte ist vergangen, Neues ist geworden."

Wenn wir „Ja" sagen zu dem, was Jesus am Kreuz für uns getan hat, dann hat das extrem große Auswirkungen auf uns. Die Bibel nennt das, dass man eine „neue Schöpfung" geworden ist. Das bedeutet - Du kannst eine zweite Chance haben! Wenn Dein Leben bislang von schlechten Dingen und Sünde geprägt war, dann hast Du in Jesus einfach einen neuen Start! Das passiert eigentlich in der Taufe. Aber auch wenn Du schon als Baby getauft worden bist, kannst Du dieses Geschenk jetzt neu für Dein Leben „aktivieren". Und diesen Vorgang nennt man „Lebensübergabe" >> Du gibst Jesus Dein altes Leben, damit er einen neuen Menschen aus Dir macht.
Falls Du das noch nicht gemacht hast, wollen wir Dich einladen, heute Jesus Dein Leben anzuvertrauen. Wenn Du es schon getan hast, kannst Du das erneuern.

LEBENSÜBERGABE

Bete laut:

Jesus, danke, dass Du am Kreuz für mich gestorben bist. Danke, dass Du mich zu einem geliebten Kind Gottes gemacht hast. Ich will heute dieses Geschenk annehmen. Herr, bitte vergib mir meine Sünden und hilf mir, so zu leben, wie Du es willst. Ich übergebe Dir heute mein Leben, Du sollst mein Herr und mein Gott sein.
Im Namen des Vaters, des Sohnes und des Heiligen Geistes. AMEN.

Ort, Datum, Unterschrift

tag 14: Auferstehung

Mt 28,6: „Er ist nicht hier; denn er ist auferstanden, wie er gesagt hat. Kommt her und seht euch die Stelle an, wo er lag.“

Jesus hat für uns gelitten, er ist für uns qualvoll am Kreuz gestorben und er ist für uns auferstanden. Das war sein Weg, den Tod, die Sünde und den Teufel zu besiegen. Warum er das konnte und getan hat, ist ganz einfach: Er ist GOTT, der jeden einzelnen von uns so stark liebt, dass er sich selbst für uns qualvoll umbringen lässst! DOCH JESUS LEBT!!!

AUFGABE: Lies die Geschichte von der Auferstehung: Johannesevangelium Kapitel 20. Was heißt Auferstehung für Dich?

tag 15: weltuntergang?!

Mt 24,30: „Danach wird das Zeichen des Menschensohnes am Himmel erscheinen; dann werden alle Völker der Erde jammern und klagen und sie werden den Menschensohn mit großer Macht und Herrlichkeit auf den Wolken des Himmels kommen sehen."

Gute Nachricht: Die Welt wird nicht untergehen! Sondern am Ende der Geschichte wird Jesus in Herrlichkeit kommen. Das heißt: Alle Menschen werden ihn sehen und er wird allem Unrecht und Leid in der Welt ein Ende setzen. Doch die Bibel berichtet uns, dass es vorher einen großen Kampf zwischen Gut und Böse geben wird. Doch wer zu Jesus gehört, der ist auf der sicheren Seite. Und wann das sein wird, weiß niemand - deshalb ist alle Endzeit-Panikmache einfach Quatsch. Dennoch sollen wir bereit sein.

ÜBUNG: Die Bibel sagt uns (Röm 11,26), dass eines Tages ganz Israel - also alle Juden - Jesus als Messias anerkennen werden. Jesus wird wiederkommen, wenn das geschehen ist. Bete heute für Israel, dass Gott sein Volk beschützt und an sein Ziel bringt!

tag 16: Himmel+Hölle

Röm 10,9: „Denn wenn du mit deinem Mund bekennst: «Jesus ist der Herr» und in deinem Herzen glaubst: «Gott hat ihn von den Toten auferweckt», so wirst du gerettet werden."

Wir können Gott vertrauen, dass er uns retten wird, denn er will uns für immer bei sich im Himmel haben, damit wir uns an seiner Freude, Liebe und Herrlichkeit erfreuen können. Klar müssen wir vorher Rechenschaft ablegen über unser Leben, denn unser Leben zeigt, ob wir uns für oder gegen Jesus entschieden haben, und diese Entscheidung ist ewig und endgültig. Die Entscheidung für Jesus nennen wir Himmel, gegen Jesus Hölle.

Der Himmel ist nichts anderes als eine unendliche Party, die alle Partys, die auf dieser Erde je gefeiert wurden, um das Millionenfache übersteigt.

Die Hölle ist nichts anderes, als die Ewigkeit getrennt von Jesus und der coolsten Party der Geschichte zu verbringen. Und beides beginnt schon hier auf der Erde.

AUFGABE: Der Tod ist nichts Schreckliches. Wer mit Jesus lebt, für den ist der Tod nicht schlimm. Denke deshalb einen Moment darüber nach, dass Du eines Tages - vielleicht schon bald, vielleicht erst in 80 Jahren - tot sein und vor Gottes Thron stehen wirst!

tag 17: welche Religion ist die wahre?

Joh 14,6: „Jesus sagte zu ihm: Ich bin der Weg und die Wahrheit und das Leben; niemand kommt zum Vater außer durch mich."

Manche Leute sagen: „Jesus war ein guter Mensch, aber auch andere Religionen sind irgendwie wahr!" Stimmt das? Jesus selbst sagte von sich ganz klar, dass er DER Weg ist - nicht nur irgendein Weg! Und er sagte, dass er und Gott eins seien ... Also ein guter Mensch, der sich nur leider in dem Punkt täuscht, dass er meint, er sei Gott? Nein, Jesus war entweder verrückt - oder Gott. Und wenn er Gott war, dann ist er der einzige Weg. Das heißt nun aber nicht, dass wir Mitglieder anderer Religionen verachten sollen. Nein, im Gegenteil: Es ist unsere Aufgabe, dass sie an unserem Verhalten ihnen gegenüber etwas vom Wesen unseres liebenden Gottes erfahren dürfen.

ÜBUNG: Finde etwas über eine andere Religion raus. Im Internet, in einem Lexikon oder indem Du z. B. einen Moslem in Deiner Klasse darüber fragst. Was sind die Unterschiede zum Christentum? Warum bist Du lieber Christ?

tag 18: 100.000.000.000 Giga-volt

Joel 3,1: „Ich werde von meinem Geist ausgießen / über alles Fleisch. / Eure Söhne und eure Töchter werden Propheten sein, / eure jungen Männer werden Visionen haben, / und eure Alten werden Träume haben."

Der Heilige Geist ist sozusagen „Gott in Aktion". Er ist eine unsichtbare Kraft, die unsere Herzen zu Jesus hinzieht und uns heilig werden lässt. Um genau zu sein, können wir gar nicht aus eigener Kraft heilig werden, sondern nur, wenn unsere kleine Glühbirne an die riesige Stromquelle des Heiligen Geistes angeschlossen ist. Man kann den Heiligen Geist auch spüren und ihn in sein Herz einladen. Schon mal gemacht?

ÜBUNG: Christen zu allen Zeiten haben gefastet, um für Gott auf etwas zu verzichten. Das macht das Herz freier und offener für den Heiligen Geist. Such Dir irgendetwas aus, auf das Du heute oder morgen verzichten könntest (Süßigkeiten, Musik, TV, Rauchen ...).

tag 19: wie werde ich von ihm erfüllt?

Apostelgeschichte 10,44: „Noch während Petrus dies sagte, kam der Heilige Geist auf alle herab, die das Wort hörten.“

Den Heiligen Geist hat Jesus uns gegeben als Beistand, damit er uns jeden Tag unseres Lebens hilft. Er will jeden von uns erfüllen, wir müssen nur offen sein und ihn täglich in unser Leben einladen. Er ist derjenige, der uns hilft, wenn es uns schlecht geht und wir von Problemen erdrückt werden. Er ist derjenige, der uns hilft, wenn wir Sachen in unserem Leben verändern wollen, aber er zeigt uns auch, welche wir verändern sollen. Er gibt uns die Kraft, die wir brauchen, um die Herausforderungen des Lebens zu bestehen.

AUFGABE: Setz und knie dich hin, schließ deine Augen und versuch, still zu werden. Versuch, dich nicht von Gedanken ablenken zu lassen. Jetzt öffne die Hände und sprich: „Komm, Heiliger Geist, komm in mein Herz und in mein ganzes Leben!“ Wiedehole diesen Satz, so oft Du möchtest.

tag 20: Fette Gaben

1 Kor 14,1: „Jagt der Liebe nach! Strebt aber auch nach den Geistesgaben, vor allem nach der prophetischen Rede!"

Der Heilige Geist gibt seinen Gläubigen übernatürliche Geschenke, die uns beim Aufbau seines Reiches helfen - auf christlich nennt man solche Geschenke „Charismen".
Diese Gaben sind zum Beispiel eine Gebetssprache („Sprachengebet" oder „Zungenrede"), das heißt, dass man zu Gott in einer Sprache reden kann, die man selber nicht versteht und die vom Heiligen Geist ist. Oder Krankenheilung oder Prophetie (die volle Liste steht in 1 Kor 12,4-10). Es hört sich unglaublich an, ist aber wahr: Gott heilt heute noch Kranke, wenn wir für sie beten - doch warum sollte das für Gott ein Problem sein? Er hat ja die ganze Welt gemacht ;-)

AUFGABE: Kennst Du jemanden in Deiner Umgebung, der krank ist? Wenn Du Dich traust: Geh zu ihm hin und biete ihm an, für ihn zu beten. Du kannst ihm einfach eine Hand auf die Schulter legen und Gott sagen: „Herr, bitte heile xy!" Wenn Du Dich das nicht traust, dann bete einfach so im Stillen für die Person.

tag 21: Gottes stimme hören

Joh 10,27: „Meine Schafe hören auf meine Stimme; ich kenne sie und sie folgen mir."

Gott spricht zu Dir. Das ist ganz normal, denn jeder Vater redet mit seinem Kind, oder? Nur wir hören oft nicht zu! Doch man kann es üben, Gottes Stimme zu hören - das kann so konkret werden, dass man wirklich erfährt, was man in einer bestimmten Situation tun soll. Der erste Schritt dazu ist, dass Du glaubst, dass Gott zu Dir sprechen kann und will. Und dann werde still und frage ihn um seine Meinung, wenn Du ratlos bist. Vielleicht hörst Du mit Deinen „inneren Ohren" nicht sofort was, doch nach und nach wirst Du das lernen.

ÜBUNG: Nimm Dir ca. 15 Minuten Zeit, wo Dich keine Geräusche ablenken und Du allein bist. Bring Gott eine Frage oder ein Problem und bitte ihn, zu Dir zu sprechen. Und dann warte. Nicht jede Stimme in Dir ist von Gott. Manche Stimmen machen nur unruhig. Gottes Reden ist immer begleitet von Frieden und Ruhe. Wenn Du noch nichts hörst, bitte Gott einfach, dass er Dich lehrt, seine Stimme immer besser zu hören.

tag 22: wie führt uns Gott?

Röm 8,28: „Wir wissen, dass Gott bei denen, die ihn lieben, alles zum Guten führt, bei denen, die nach seinem ewigen Plan berufen sind."

Gott spricht auf verschiedene Weise zu uns: durch sein Wort, die Bibel. Durch die Lehre der Kirche. Durch unseren Verstand. Durch unser Gewissen. Wenn Du auf dem richtigen Weg bist, dann zeigt sich das auch oft durch ein bleibendes, tiefes gutes Gefühl. Wenn Du mit einer Entscheidung langfristig Unfrieden verspürst, ist sie wahrscheinlich nicht gut! Du kannst Gott auch bitten, im Gebet ganz konkret zu Dir zu sprechen!

AUFGABE: Diese Bibelstelle kann noch in der tiefsten Verzweiflung Kraft geben. Lerne sie auswendig!

tag 23: Ein 1400-seitiger Lie-besbrief

Hebr 4,12: „Denn lebendig ist das Wort Gottes, kraftvoll und schärfer als jedes zweischneidige Schwert."

Die Bibel ist die Geschichte von Gott und den Menschen. Sie ist von Menschen aufgeschrieben, aber trotzdem Gottes Wort, weil der Heilige Geist die Autoren inspirierte. Eigentlich ist sie ein 1400-seitiger Liebesbrief von Gott an Dich oder die Gebrauchsanweisung fürs Leben. Im ersten Teil (Altes Testament) geht es um Gottes Geschichte mit dem Volk Israel und im zweiten (Neues Testament) geht es um Jesus und seine Jünger. Sie ist ein Liebesbrief, auch wenn die Verpackung manchmal ein bisschen schwierig ist.

ÜBUNG: Such Dir aus diesem *basic*-Buch irgendeine Bibelstelle, die Dir gefällt, und schreib sie groß und gut sichtbar auf. Häng diesen Zettel in Deinem Zimmer auf, damit Du immer daran erinnert wirst.

tag 24: gehirn-tuning

Röm 12,2: „Gleicht euch nicht dieser Welt an, sondern wandelt euch und erneuert euer Denken, damit ihr prüfen und erkennen könnt, was der Wille Gottes ist: was ihm gefällt, was gut und vollkommen ist."

Wir hören den ganzen Tag irgendwelche Sachen. Vieles davon ist einfach falsch. Doch damit wir erkennen können, was der Wille Gottes ist und wie die Sache wirklich aussieht, müssen wir unser Gehirn ein bisschen aufrüsten. Das geschieht nicht, indem man ab und zu in der Bibel blättert, sondern indem man sein Gehirn gezielt mit dem Wort Gottes ernährt - Tag für Tag! 30 Minuten pro Tag sollte Dir das wert sein!

AUFGABE: Wenn Du noch keine hast, kauf Dir eine Bibel, wenn möglich die Einheitsübersetzung. In Deiner Bibel darfst Du alles anmalen, was Dir auffällt, und Notizen reinschreiben, wie Du willst! Wenn Du schon eine hast, dann mach Dir einen Bibellese-Plan. Beginne mit dem Neuen Testament und schreib Dir in einen Kalender oder selbstgemachten Terminplan, an welchem Tag Du was lesen willst.

tag 25: stimmt alles, was in der Bibel steht?

Mk 13,31: „Jesus sagte: Himmel und Erde werden vergehen, aber meine Worte werden nicht vergehen."

Jedes Wort in der Bibel ist Wort Gottes. Die Bibel wurde zwar von Menschen geschrieben, doch dabei hat sie der Heilige Geist inspiriert. Deshalb stimmt alles, was in der Bibel steht. Manche Dinge werden jedoch nur im ganzen Kontext klar. Zum Beispiel versteht man das Alte Testament nur, wenn man auch von Jesus weiß, dass Gott die Liebe ist. Manche Leute sagen, dass zum Beispiel die Wunder nicht wirklich passiert seien - doch es ist eine Tatsache, dass Gott auch noch heute Wunder tut - und das kannst auch Du erleben, wenn Du mit Jesus lebst. Die Frage ist: Wie viel traust Du Jesus zu?

ÜBUNG: Lies von Psalm 119 soviel Du willst! Danke Gott dabei für sein Wort.

[Literaturtipp: Strobel, Lee: Der Fall Jesus. Was in den Bestsellern à la „Sakrileg" und so über Jesus drin steht, ist wissenschaftlich völliger Unsinn. In diesem Buch recherchiert einer mal ganz genau, wie das historisch mit Jesus genau war. Kostet ca. 17 Euro]

tag 26: Morgengebet / Abendgebet

Psalm 5,4: „Herr, am Morgen hörst du mein Rufen, am Morgen rüst ich das Opfer zu, halte Ausschau nach dir."

Gebet am Morgen und am Abend ist der Grundpfeiler, auf dem ein jesusmäßiger Tag aufgebaut ist. Am Morgen kannst Du Gott alle Termine und Probleme hinlegen und ihn um seinen Heiligen Geist und Segen bitten. Am Abend dankst Du Gott für alles, was war, und legst ihm alles vertrauensvoll in die Hände. Dabei kannst Du auch nachdenken, was heute nicht so toll lief, und um Vergebung bitten.

AUFGABE: Hast Du schon eine Gebetsecke? Wenn nicht: Richte Dir heute einen Ort in Deinem Zimmer ein, der Gott gehört. Eine Kerze, Deine Bibel und ein Kreuz oder ein Bild von Jesus, vielleicht auch Blumen. Wenn Du an diesem Ort betest, wird es Dir viel leichter fallen, das Beten nicht zu vergessen. Und dann stell den Wecker mal morgens so, dass Du noch Zeit für ein Morgengebet hast - 15 Minuten morgens und 15 abends sollten auf jeden Fall drin sein.

tag 27: Probleme, Probleme

Mt 11,28: „Kommt alle zu mir, die ihr euch plagt und schwere Lasten zu tragen habt. Ich werde euch Ruhe verschaffen."

Es gibt kein Leben ohne sie. Probleme gehören zu unserem Leben wie unser tägliches Brot. Doch Jesus hat uns die Möglichkeit gegeben, mit unseren Problemen zu ihm zu kommen und seine Hilfe anzunehmen, Ist doch eine super Sache, wir brauchen unsere Probleme nicht alleine mit uns rumschleppen, sondern haben jemanden, zu dem wir 24 Stunden, 7 Tage die Woche und 365 im Jahr kommen können und Hilfe erwarten dürfen.

AUFGABE: Schließe heute einen „Sorgenübergabevertrag" mit Gott: Übergib ihm eine Deiner Sorgen. Und immer, wenn sie wieder kommen will, erinnere Dich an den Vertrag! (Mach ihn ruhig schriftlich!)

tag 28: vielen herzlichen dank!

1 Thess 5,18: „Dankt für alles, denn das will Gott von Euch, die ihr zu Christus Jesus gehört!"

Wie - man soll für ALLES danken? Ja! Natürlich ist im Leben nicht alles nur total sonnig und wunderbar. Doch Gott hat in allem seinen Plan. Deshalb kannst Du zum Beispiel sagen: „Gott, danke für diese Situation. Ich finde sie zwar total kotzig, aber danke, dass Du auch damit einen Plan hast und alles zum Guten führst!" Du wirst merken, wenn Du anfängst, für alles zu danken, wirst Du zufriedener, glücklicher und gelassener werden.

ÜBUNG: Nimm einen Zettel und schreib mindestes 10 Dinge auf, die in Deinem Leben gut sind. Danke Gott dann der Reihe nach für all das.

tag 29: Engel und Ex-Engel

1 Petr 5,8-9: „Seid nüchtern und wachsam! Euer Widersacher, der Teufel, geht wie ein brüllender Löwe umher und sucht, wen er verschlingen kann. Leistet ihm Widerstand in der Kraft des Glaubens!"

Es gibt neben der Welt, die Du sehen kannst, auch eine geistige Realität: Es gibt die Engel, die uns auf dem Weg zu Gott helfen. Ein Teil der Engel sind von Gott abgefallen, deshalb sind sie eigentlich Ex-Engel (oder Dämonen). Einer davon heißt Satan oder Teufel. Gott ist unendlich mächtiger als sie alle, und auch uns können die nichts anhaben. Nur wenn wir der Sünde in unserem Leben Raum geben, werden wir angreifbar - z. B. auch durch Okkultismus oder satanistische Rockmusik. Deshalb: Weg mit solchem Müll.

ÜBUNG: Räum in Deinem Zimmer auf: Gibt es magische Gegenstände, Bücher oder Musik, die ganz klar nicht Gott verherrlichen wollen, sondern irgendwelche Geister oder den Teufel? Mach ganze Sache und schmeiß sowas fort!

tag 30: katholisch, evangelisch ... oder einfach christlich?

Eph 4,4-6: „Ein Leib und ein Geist, wie euch durch eure Berufung auch eine gemeinsame Hoffnung gegeben ist; ein Herr, ein Glaube, eine Taufe, ein Gott und Vater aller, der über allem und durch alles und in allem ist."

Eigentlich gibt es nur *eine* Kirche, zu der gehören alle, die getauft sind und Jesus nachfolgen. Leider hat es unter den Christen aber immer wieder Spaltungen gegeben. Wir Katholiken glauben, dass die katholische Kirche direkt auf die Apostel zurückgeht und ihren Glauben auch immer wieder zu 100% auf Jesus hin ausrichtet. Doch es ist der Wunsch Jesu, dass seine Kirche eines Tages wieder ungespalten und ganz eins ist.

AUFGABE: Finde heraus, wo es in Deiner Nähe eine katholische Kirche gibt und besuche sie. Falls sie offen ist, setz dich rein und danke Gott, dass Du Deinen Glauben nicht allein leben musst, sondern es seit 2000 Jahren Menschen gibt, die Jesus nachfolgen wollen.

tag 31: offener Himmel

Mt 3,16-17: „Kaum war Jesus getauft und aus dem Wasser gestiegen, da öffnete sich der Himmel, und er sah den Geist Gottes wie eine Taube auf sich herabkommen. Und eine Stimme aus dem Himmel sprach: Das ist mein geliebter Sohn, an dem ich Gefallen gefunden habe.“

Durch die Taufe und die Firmung gehören wir zum Leib Christi, der Kirche. Eigentlich ist die Taufe die Entscheidung, 100% zu Jesus zu gehören. Diese Entscheidung haben meistens die Eltern für uns getroffen, deshalb wird man in der Firmung nochmal vor die Frage gestellt, ob man echt als Christ leben will. Doch diese Sakramente sind wie Geschenke, die man erst auspacken muss. Und das Auspacken ist: sich persönlich für das entscheiden, was in den Sakramenten schon passiert ist.

AUFGABE: Erneuere heute Deine Taufe und ggf. Deine Firmung. Eine super Möglichkeit ist, dass Du laut das Glaubensbekenntnis betest und Dir jeden einzelnen Satz ganz bewusst machst. Du kannst Dich dann mit Weihwasser bekreuzigen und dabei sagen: „Ich erneuere meine Taufe und Firmung. Ich will Jesus und seiner Kirche angehören. Im Namen des Vaters, des Sohnes und des Heiligen Geistes. Amen.“

[das Glaubensbekenntnis findest Du im Anhang dieses Heftes!]

tag 32: 24 stunden für Gott

Lk 24,1-2.5-6: Am ersten Tag der Woche gingen die Frauen mit den wohlriechenden Salben, die sie zubereitet hatten, in aller Frühe zum Grab. Da sahen sie, dass der Stein vom Grab weggewälzt war. [...] Die Männer aber sagten zu ihnen: „Was sucht ihr den Lebenden bei den Toten? Er ist nicht hier, sondern er ist auferstanden.“

Gott wollte, dass Arbeit und Ruhe sich in unserem Leben abwechseln. Arbeit ist wichtig und gut, doch auch feiern und ruhen hat seinen Platz! Deshalb war es im Alten Testament verboten, am Sabbat zu arbeiten. Wir Christen feiern den Sonntag als Tag der Auferstehung Jesu, indem wir nicht arbeiten und die Hl. Messe besuchen. Einen Tag nicht lernen, nicht schuften - nur Ruhe und Gott, ist das nicht genial? Probier's aus!

AUFGABE: Nimm Dir vor, am nächsten Sonntag mal nicht zu arbeiten, Zeit für Deine Familie und für Gott (längere Zeit für Gebet und Bibel) zu haben!

tag 33: zarte (?) versuchungen

Jakobus 4,7: „Ordnet euch also Gott unter, leistet dem Teufel Widerstand; dann wird er vor euch fliehen."

Der Teufel versucht, uns von Gott wegzulocken. Das ist völlig normal, nur müssen wir alles daran setzen, mit Gottes Hilfe dem Bösen sogar im Kleinsten zu wiederstehen, dann schaffen wir es auch, in Größerem zu wiederstehen. Man kann nicht von heute auf morgen der perfekte Mensch werden, der nie etwas falsch macht, sondern man muss anfangen, sich der Versuchung im Kleinen zu stellen. Gott wird uns nicht allein lassen, wenn wir den Wunsch haben, ein besserer Mensch zu werden, im Gegenteil, es ist Gottes Absicht und er setzt alles daran, dass wir dieses Ziel erreichen.

AUFGABE: Geh in den Widerstand und sag nein zu Gedanken, die Dich runter ziehen. Welche Gedanken sind das? Setze Gottes Wort dagegen und bitte ihn, Dir zu helfen, Deine Stellung zu verteidigen.

tag 34: Die Giftliste

Galater 5,19-21: „Die Werke des Fleisches sind deutlich erkennbar: Unzucht, Unsittlichkeit, ausschweifendes Leben, Götzendienst, Zauberei, Feindschaften, Streit, Eifersucht, Jähzorn, Eigennutz, Spaltungen, Parteiungen, Neid und Missgunst, Trink- und Essgelage und ähnliches mehr. Ich wiederhole, was ich euch schon früher gesagt habe: Wer so etwas tut, wird das Reich Gottes nicht erben."

Das Problem ist, dass uns Sünden versklaven, unfrei machen und von Gott trennen. Manchmal begegnet man in der Bibel dem Wort „Unzucht". Aber was ist damit gemeint? Selbstbefriedigung, Pornographie, vorehelicher Sex. Andere Sünden sind aber auch Drogenkonsum, übermäßiger Tabak und Alkoholgenuss, sowie Okkultismus - „Gläser rücken" oder ähnliches. Lästern, Lügen, Schimpfworte, Flüche oder das schlechte Behandeln unserer Mitmenschen und Eltern gehören ebenfalls dazu.

AUFGABE: Fallen Dir Dinge ein, die Du in der letzten Zeit falsch gemacht hast? Schreib sie auf einen Zettel! Gibt es Dinge, die immer wieder vorkommen?

tag 35: wash & go

Joh 20,23: „Jesus sagte zu den Aposteln: Wem ihr die Sünden vergebt, dem sind sie vergeben; wem ihr die Vergebung verweigert, dem ist sie verweigert."

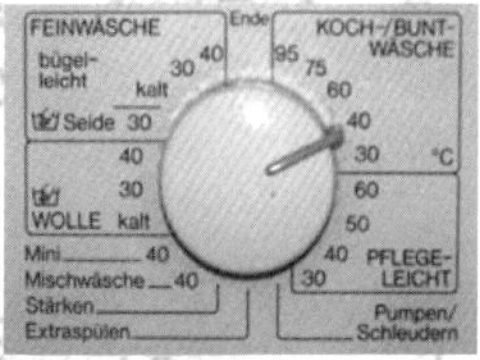

Jesus gab seinen Aposteln (und den Priestern als ihren Nachfolgern) die Vollmacht, in seinem Namen von Sünde loszusprechen. In der Beichte bekennen wir eigentlich vor Gott unsere Sünden, nicht vor einem Menschen. Doch es kann eine große Hilfe und eine befreiende Erfahrung sein, alles, was einen belastet, auszusprechen. Das erste Mal kostet es vielleicht Überwindung, doch Du wirst sehen: Das Sakrament der Versöhnung (=Beichte) ist wie ein Wellnessbad für die Seele!

AUFGABE: Fallen Dir Dinge ein, die Du in der letzten Zeit falsch gemacht hast? Schreib sie auf einen Zettel! Versuche dann, rauszukriegen, wann man in Deiner Pfarrgemeinde beichten kann. Oder versuche zu beichten, wenn Du mal wieder auf einer christlichen Veranstaltung bist.

tag 36: Das werd ich Dir nie vergessen!

Mt 6,14-15: „Denn wenn ihr den Menschen ihre Verfehlungen vergebt, dann wird euer himmlischer Vater auch euch vergeben. Wenn ihr aber den Menschen nicht vergebt, dann wird euch euer himmlischer Vater eure Verfehlungen auch nicht vergeben."

Gott vergibt uns auch die schlimmsten Sünden, wenn wir ihn um Vergebung bitten. Genauso sollen auch wir vergeben und nicht nachtragend sein. Oft ist das aber ganz schön schwer... Vergeben heißt nicht, dass man sich nicht mehr verletzt fühlt und alles vergisst, sondern ist die Entscheidung, etwas nicht mehr nachzutragen. Je früher Du anfängst, der Person zu vergeben, desto weniger kann sich Bitterkeit in Deinem Herzen festsetzen.

ÜBUNG: Mach eine Liste mit 5 Personen, die Dich in Deinem Leben schon mal verletzt haben. Such die Person raus, wo es am schlimmsten war. Bitte Gott, Dir Kraft zum Verzeihen zu geben. Und sprich dann laut aus: „XY, ich vergebe Dir, weil Gott auch mir meine Sünden vergibt!"

tag 37: 1+1=1

Mk 10,7-9: „Darum wird der Mann Vater und Mutter verlassen und die zwei werden ein Fleisch sein. Sie sind also nicht mehr zwei, sondern eins. Was aber Gott verbunden hat, das darf der Mensch nicht trennen."

Gott wollte nicht, dass der Mensch alleine ist. Deshalb schuf er Mann und Frau. Die Ehe ist ein unauflösliches Band, weil die menschliche Ehe das Bild für die ewige Liebe ist, die Gott zu jedem Einzelnen hat. Doch lebenslange Liebe bedeutet nicht, immer total verliebt zu sein, sondern sich immer wieder zu vergeben und Treue zu halten. Die Ehe ist eine geniale, heilige Berufung - vielleicht auch Deine Berufung?

AUFGABE: Bete für die Beziehung zwischen Deinen Eltern. Und bitte Gott, Deinen späteren Partner zu segnen und zu beschützen - denn höchstwahrscheinlich lebt er/sie schon!

tag 38: Mach was!!

Gen 1,28: „Gott segnete sie und Gott sprach zu ihnen: Seid fruchtbar und vermehrt euch, bevölkert die Erde, unterwerft sie euch und herrscht über die Fische des Meeres, über die Vögel des Himmels und über alle Tiere, die sich auf dem Land regen."

Sinnvolle und produktive Arbeit gehört zu dem, wozu Gott uns geschaffen hat. Er möchte, dass wir unsere Gaben gebrauchen, um Gutes in der Welt zu bewirken. Deshalb ist es in Gottes Plan, dass Du eine Arbeit findest, die Dir Spaß macht, Deinen Begabungen entspricht und was Gutes in der Welt bewirkt.

AUFGABE: Schreibe auf: Was in der Welt würdest Du gerne verändern?Was wäre Dein Traumberuf? Auf welchem Wege könntest Du dorthin kommen?

[Literaturempfehlung: Essler, Peter: Let's go future. Ein super Buch darüber, wie man als Jugendlicher den richtigen Job findet, kostet ca. 10 Euro]

tag 39: Hey, ich muss Dir mal 'ne story reindrücken!

Mk 16,15: „Geht hinaus in die ganze Welt, und verkündet das Evangelium allen Geschöpfen!"

Jesus will, dass alle Menschen erfahren, wie sehr er sie liebt, und dass ihr Leben einen Sinn hat. Wir sind aber konkret dafür verantwortlich, dass das die Menschen um uns herum auch erfahren. Am Anfang kann es eine große Überwindung sein, mit jemandem über Gott zu sprechen. Doch lass Dich nicht von Menschenfurcht abschrecken - wenn Du Deinen Mund aufmachst, wirst Du immer mutiger darin werden!

AUFGABE: Überleg Dir drei Personen in Deinem Umfeld, denen Du von Jesus erzählen willst. Bete dann, dass eine Gelegenheit dafür kommt. Wenn diese kommt, erzähl ihnen einfach, was Du mit Gott erlebt hast. Mach Dir zur Erinnerung einen großen Zettel mit ihren Namen und häng ihn in Deinem Zimmer auf!

tag 40: Eucharistie

Joh 6,54-56: „Wer mein Fleisch isst und mein Blut trinkt, hat das ewige Leben, und ich werde ihn auferwecken am Letzten Tag. Denn mein Fleisch ist wirklich eine Speise, und mein Blut ist wirklich ein Trank. Wer mein Fleisch isst und mein Blut trinkt, der bleibt in mir, und ich bleibe in ihm."

In der Eucharistie ist Jesus wirklich gegenwärtig. Es ist für uns sehr schwierig zu verstehen, aber wir können es im Glauben erfassen, dass Brot und Wein zu Fleisch und Blut Jesu werden! Jesus macht dadurch deutlich: Seine Gemeinschaft mit uns geht im wahrsten Sinne des Wortes „unter die Haut" und wird greifbar. Es ist der Hammer: JESUS ist in diesem Brot und in diesem Wein. Aber, hey, wenn Gott Mensch werden kann, dann ist auch das möglich, oder?

AUFGABE: Informier dich darüber, wo in deiner Nähe eine Messe gehalten wird, und besuch sie so bald wie möglich. Wenn Du schon regelmäßig zur Messe gehst: Mit welchen Gedanken empfängst Du eigentlich die Kommunion?

tag 41: messe

1 Kor 11,23-26: „Denn ich habe vom Herrn empfangen, was ich euch dann überliefert habe: Jesus, der Herr, nahm in der Nacht, in der er ausgeliefert wurde, Brot, sprach das Dankgebet, brach das Brot und sagte: Das ist mein Leib für euch. Tut dies zu meinem Gedächtnis! Ebenso nahm er nach dem Mahl den Kelch und sprach: Dieser Kelch ist der Neue Bund in meinem Blut. Tut dies, sooft ihr daraus trinkt, zu meinem Gedächtnis! Denn sooft ihr von diesem Brot esst und aus dem Kelch trinkt, verkündet ihr den Tod des Herrn, bis er kommt."

Die Messe gliedert sich in zwei Teile: erst der Wortgottesdienst, dann die Eucharistiefeier. Im Wortgottesdienst bitten wir Gott um Vergebung und loben ihn. Dann kommen Lesungen aus der Bibel. In der Eucharistiefeier werden Brot und Wein zum Altar gebracht und die Worte gesprochen, die Jesus beim letzten Abendmahl sprach: „Nehmet und esset alle davon: Das ist mein Leib, der für euch hingegeben wird. + Nehmet und trinket alle daraus, das ist der Kelch des neuen und ewigen Bund, mein Blut, das für euch und für alle vergossen wird zur Vergebung der Sünden. Tut dies zu meinem Gedächtnis!" Dabei werden Brot und Wein zu Leib und Blut Christi. Danach kommen Gebete für die ganze Welt und die Kommunion, in der Jesus mit Fleisch und Blut zu uns kommt.

AUFGABE: Im Kirchengesangbuch Nr. 352 gibt es einen Abschnitt über den Ablauf der Messe. Schlage ihn auf, wenn Du das nächste mal in die Kirche gehst und verfolge die Messe anhand dieses Schemas mit!

tag 42: Die chefs

Mt 16,18: „Ich aber sage dir: Du bist Petrus, und auf diesen Felsen werde ich meine Kirche bauen, und die Mächte der Unterwelt werden sie nicht überwältigen."

Die Nachfolger der Apostel sind die Bischöfe und Priester, ihr Chef ist der Papst. Trotzdem sind sie auch Menschen wie wir, begehen Fehler und sündigen. Doch Gott kann trotz ihres persönlichen Versagens durch sie wirken. Zum Beispiel in den Sakramenten, wo der Priester an Stelle Jesus wirkt - also Jesus wirkt durch sie, somit können sie in seinem Namen Sünden vergeben und auch Brot und Wein wandeln.

AUFGABE: Bete für den Pfarrer in Deinem Ort. Priester sein ist kein leichter Job, deshalb brauchen sie unser Gebet dringend.
Und wenn Du ein Junge bist: Hast Du schon mal darüber nachgedacht, ob Gott Dich vielleicht beruft, Priester zu werden?

tag 43: Das juckt mich nicht

Mt 6,25: „Deswegen sage ich euch: Sorgt euch nicht um euer Leben und darum, dass ihr etwas zu essen habt, noch um euren Leib und darum, dass ihr etwas anzuziehen habt. Ist nicht das Leben wichtiger als die Nahrung und der Leib wichtiger als die Kleidung?"

Oft macht man sich extrem viele Sorgen: um Noten in der Schule, Gesundheit, Freunde. Doch es ist eine Tatsache: Wir haben nur relativ wenig von unserem Leben selbst in der Hand. Gesundheit, Wetter und alle möglichen Zufälle können wir nicht kontrollieren. Nur wenn wir eine sichere Vertrauensbasis haben, dass Gott alles in seiner Hand hat, können wir wirklich relaxt sein. Das heißt nicht, dass einem alles egal ist, aber dass man die Dinge ändert, die man ändern kann, und die anderen Gott anvertraut!

ÜBUNG: Sprich Gott in Deiner Gebetszeit ganz neu Dein Vertrauen aus. Wenn nötig, schreib einen neuen „Sorgenübergabevertrag"!

tag 44: Nuklearwaffen

Eph 4,29: „Über eure Lippen komme kein böses Wort, sondern nur ein gutes, das den, der es braucht, stärkt und dem, der es hört, Nutzen bringt."

Worte haben Macht und nichts ist so verletzend wie ein böses Wort! Lästern, Lügen und andere verspotten ist so zerstörerisch wie eine Nuklearwaffe - nur für Beziehungen. Die Bibel lehrt uns ganz klar, dass wir nicht lästern sollen, das heißt, nicht schlecht über jemanden in dessen Abwesenheit reden. Wir sollen nicht lügen, auch nicht in kleinen Dingen. Das ist wirklich eine radikale Sache, doch den Menschen um Dich herum wird es auffallen, wenn Du das alles nicht tust.

ÜBUNG: Sag heute bewusst zu irgendeiner Person etwas Nettes - ein Kompliment an Deine Mutter, was Ermutigendes zu einem Kumpel oder ein „Danke" für einen treuen Freund, einen guten Lehrer oder netten Nachbarn.

tag 45: Ein göttliches Team

1 Kor 12,27: „Ihr aber seid der Leib Christi, und jeder Einzelne ist ein Glied an ihm."

Wir Menschen sind dazu gemacht, Gemeinschaft zu haben. Gemeinschaft mit anderen, die auch an Jesus glauben, hat was ganz Besonderes an sich: Jesus sagte, dass er selber dabei ist, wenn zwei oder drei Leute sich in seinem Namen treffen. Deshalb sollte es auch Dein Ziel sein, so schnell wie möglich eine Gruppe von anderen Christen zu finden. Oder noch besser: eine aufzubauen. Das Ziel von *basic* ist, dass Du selbst anderen von Jesus erzählst und Ihr gemeinsam eine Gruppe gründet.

AUFGABE: Sobald sich jemand von Deinen 3 Leuten (siehe Tag 39) für Gott interessiert, triff Dich mit ihm und vielleicht noch anderen Christen, die Du kennst. Lest zusammen in der Bibel und sprecht darüber. Betet füreinander und überlegt gemeinsam, wie ihr noch mehr Leute einladen könnt.

tag 46: Die Heiligen

Hebräer 12,1-2: „Da uns eine solche Wolke von Zeugen umgibt, wollen auch wir alle Last und die Fesseln der Sünde abwerfen. Lasst uns mit Ausdauer in dem Wettkampf laufen, der uns aufgetragen ist, und dabei auf Jesus blicken, den Urheber und Vollender des Glaubens."

Die in Jesus Verstorbenen sind bei Gott im Himmel. Und so, wie man auf der Erde für jemand beten kann und auch für sich beten lassen kann, bitten wir die Heiligen, mit uns gemeinsam zu Gott zu beten und unsere Bitten vorzutragen. Wir beten NUR Gott an, diese Haltung der Anbetung kommt nur Gott zu. Mit Heiligen gehen wir dagegen um wie mit älteren Geschwistern im Glauben. Sie helfen uns, indem sie für uns zu Gott beten!

AUFGABE: Jeder katholisch Getaufte hat einen Namensheiligen. Finde etwas über Deinen Namenspatron raus (z.B. auf www.heiligenlexikon.de)!

tag 47: mamma mia.

Joh 19,26-27: Als Jesus seine Mutter sah und bei ihr den Jünger, den er liebte, sagte er zu seiner Mutter: „Frau, siehe, dein Sohn! Dann sagte er zu dem Jünger: Siehe, deine Mutter!" Und von jener Stunde an nahm sie der Jünger zu sich.

Maria war die Mutter von Jesus und diejenige, die ihn 30 Jahre lang aufgezogen hat, mit ihm am Kreuzweg gelitten und ihm im Leiden beigestanden hat. Es muss doch ziemlich krass sein, wenn eine Mutter sieht, wie ihr Sohn langsam zu Tode gequält wird. Aus diesem Grund sehen wir in Maria ein großes Vorbild und glauben, dass sie auch jetzt noch Jesus sehr nahe steht und für uns als Fürsprecherin eintreten kann.

AUFGABE: Lern oder, wenn du es schon kannst, bete: Gegrüßet seist du, Maria, voll der Gnade, der Herr ist mit dir. Du bist gebenedeit unter den Frauen, und gebenedeit ist die Frucht deines Leibes, Jesus. Heilige Maria, Mutter Gottes, bitte für uns Sünder jetzt und in der Stunde unseres Todes. Amen.

tag 48: Bitte Bitte Bitte Bitte!!!

Joh 15,7: „Wenn ihr in mir bleibt und wenn meine Worte in euch bleiben, dann bittet um alles, was ihr wollt: Ihr werdet es erhalten."

Jesus ermutigt uns, Gott um die Dinge zu bitten, die wir brauchen. Werden alle Gebete erhört? Ja! Doch passiert immer genau das, was wir uns gewünscht haben? Nein! Wir sollen immer bitten, dass Gottes Wille in einer Situation geschieht und ausdauernd immer wieder bitten. Oft führt das zu unglaublichen Gebetserhörungen und echten Wundern. Doch manchmal beantwortet Gott unsere Gebete auf andere Weise, die besser für uns und seinen Plan sind. Doch eines ist sicher: Kein Gebet bleibt unerhört! Doch wir müssen „in Jesus bleiben" - das heißt, ganz eng in der Beziehung zu ihm.

AUFGABE: Hast Du schon jemanden aus Deinem Umfeld angesprochen und ihm von Jesus erzählt? Schreib Dir eine Liste und bete ab jetzt jeden Tag für die Personen, die Du noch ansprechen möchtest!

tag 49: Richtige Freunde

Spr 13,20: „Wer mit Weisen unterwegs ist, wird weise, wer mit Toren verkehrt, dem geht es übel."

Die Leute, mit denen Du zusammen bist, prägen auch Dich. Überleg deshalb genau - wer sind wirkliche Freunde? Wer hat wirklich guten Einfluss auf mich? Ein kleiner Tip: Wenn Du bei den coolen Leuten dabei sein willst und Dich anstrengst, cool und beliebt zu sein, wirst Du Dich verstellen! Sei einfach Du selbst, dann werden andere merken, dass Du nicht abhängig von der Meinung anderer bist, und sie werden Dich achten.

ÜBUNG: Bete für die Leute, mit denen Du am meisten zusammen bist. Bitte Gott um echte Freunde und entscheide Dich, auch selbst ein guter Freund für andere zu sein.

tag 50: stille

Mt 6,6: „Du aber geh in deine Kammer, wenn du betest, und schließ die Tür zu; dann bete zu deinem Vater, der im Verborgenen ist. Dein Vater, der auch das Verborgene sieht, wird es dir vergelten."

Wir sind oft abgelenkt durch die vielen Medien: Internet, TV, Radio, Computerspiele. Doch je mehr Zeit Du Dich mit Musik und Informationen berieselst, desto schwieriger wird es, die Stimme Gottes zu hören und die innere Ruhe zu finden. Gott ist ein Gott der Ruhe - und Du begegnest ihm tiefer, wenn Du den Lärm in Deinem Kopf runterdrehst.

Aufgabe: Nimm dir heute mal bewusst vor, den Tag in Stille zu verbringen. Lass den CD-Player, das Radio oder den Fernseher ausgeschaltet und setz dich hin und verbring einfach eine Zeit in Stille. Auch wenn du lernst oder irgendetwas anderes machst: Lass dich mal nicht von Musik „belästigen".

tag 51: Trouble

Jak 1,2-4: „Seid voll Freude, meine Brüder, wenn ihr in mancherlei Versuchungen geratet. Ihr wisst, dass die Prüfung eures Glaubens Ausdauer bewirkt. Die Ausdauer aber soll zu einem vollendeten Werk führen; denn so werdet ihr vollendet und untadelig sein, es wird euch nichts mehr fehlen."

Eben noch liest Du *basic*, schon hast Du vielleicht Ärger mit Deiner Familie - so ist das. Jesus hat uns kein Leben auf Wolke Sieben versprochen oder, dass wir Christen keine Probleme haben und nie traurig sind. Uns Christen geht es auch manchmal schlecht - doch wir haben Jesus, der uns hilft. Gott benutzt gleichzeitig jedes Problem, um unser Herz und unseren Glauben an ihn zu festigen, damit wir nicht von jeder kleinen Welle von Trouble hin und her geworfen werden. Jesus will, dass wir ihm auf diese Weise ähnlicher werden und an Reife gewinnen, um so zu handeln und zu lieben wie er.

AUFGABE: Kennst Du irgendeine Person in Deiner Umgebung, der es echt schlecht geht? Nimm Dir einige Minuten Zeit und bete für diese Person!

tag 52: voller service.

1 Petrus 4,10: „Dient einander als gute Verwalter der vielfältigen Gnade Gottes, jeder mit der Gabe, die er empfangen hat."

Jesus war die drei Jahre, in denen er gewirkt hat, in allem ein Diener, er ist unser größtes Vorbild in Sachen Dienen. Dienen bedeutet, auf seine eigenen Wünsche zu verzichten und für andere da zu sein. Wenn wir anderen Menschen dienen, geben wir etwas von uns,
Es kommt einfach mehr von der Liebe Jesu rüber, wenn wir anderen etwas Gutes tun, als wenn wir ihnen nur so von Jesus erzählen.

ÜBUNG: Überleg Dir: Welchem Menschen könntest Du heute was Gutes tun, helfen, dienen? Und dann: Mach es! - Hast Du schon mal daran gedacht, wie viele alte, einsame und kranke Menschen es in Deiner Umgebung - z. B. in jedem Altenheim - gibt, die sich über Besuch freuen würden?

tag 53: weniger ist mehr.

1 Korinther 9,24-27: „Wisst ihr nicht, dass die Läufer im Stadion zwar alle laufen, aber dass nur einer den Siegespreis gewinnt? Lauft so, dass ihr ihn gewinnt. Jeder Wettkämpfer lebt aber völlig enthaltsam; jene tun dies, um einen vergänglichen, wir aber, um einen unvergänglichen Siegeskranz zu gewinnen."

Fasten bedeutet, auf etwas, das mir Spaß macht oder das ich brauche, freiwillig zu verzichten. Beispielsweise Essen, Süßigkeiten, Kaffee, Rauchen, TV, Musik, Radio oder Videospiele. Denn durch solch einen Verzicht werden wir frei davon, immer unsere körperlichen Bedürfnisse und Wünsche befriedigen zu müssen. Das dient dazu, dass wir aufmerksamer für Gott werden und außerdem auch noch mehr Zeit zur Verfügung haben, um mit Gott zu sprechen.

AUFGABE: Nimm Dir in der nächsten Woche einen Tag vor, an dem du fastest. Du kannst zum Beispiel nur Wasser und Brot zu Dir nehmen oder nur eine Mahlzeit essen. Probier es aus: Lies in der Zeit, wo Du normalerweise essen würdest, in der Bibel. Pimp your soul ;-)

tag 54: ma und pa

Exodus 20,12: „Ehre deinen Vater und deine Mutter, damit du lange lebst in dem Land, das der Herr, dein Gott, dir gibt."

Unsere Eltern sind dafür verantwortlich, dass es uns überhaupt gibt, und wir sollten ihnen dankbar dafür sein. Egal, wie sie uns behandeln, ob gut oder schlecht, ob sie uns lieben oder nicht, sie sind auch nur Menschen, die Fehler begehen. Aber dennoch schulden wir ihnen Dank. Gottes Wort fordert uns auf, unsere Eltern zu achten. Bete heute mal für Deine Eltern. Wenn Dich Deine Eltern verletzt haben, dann versuch, ihnen zu vergeben!

AUFGABE: Mach deinen Eltern heute als Dank mal ein Geschenk! Vielleicht auch einfach eine kleine Überraschung wie freiwilliges Helfen im Haushalt ...

tag 55: moneymoney

Mt 6,19-21: „Sammelt euch nicht Schätze hier auf der Erde, wo Motte und Wurm sie zerstören und wo Diebe einbrechen und sie stehlen, sondern sammelt euch Schätze im Himmel, wo weder Motte noch Wurm sie zerstören und keine Diebe einbrechen und sie stehlen. Denn wo dein Schatz ist, da ist auch dein Herz."

Geld ist nichts Schlechtes - aber es ist gefährlich und es macht nicht glücklich. Es gibt viele Menschen, die nur an Geld denken - ja die vom Geld besessen werden! Doch wir sollen verantwortungsvoll damit umgehen. Stell Dir die Frage: Wie geh ich mit dem Geld um, das ich besitze? Bin ich total geizig und würde nie etwas für Ärmere hergeben oder schmeiß ich es zum Fenster raus und kauf mir die nutzlosesten Dinge, die ich eigentlich gar nicht brauche?

AUFGABE: Wie viel Geld hast Du in etwa pro Monat? Wofür geht es drauf? Überleg Dir im Gebet, ob das richtig ist. Unterstützt Du mit Deinem Geld ein Hilfsprojekt oder eine christliche Organisation? Wenn nein: warum nicht?

tag 56: ich bin so ... verliebt ...

*Hld 8,6-7: Stark wie der Tod ist die Liebe, /
die Leidenschaft ist hart wie die Unterwelt. Ihre Gluten sind Feuergluten, / gewaltige Flammen.
Auch mächtige Wasser können die Liebe nicht löschen; /
auch Ströme schwemmen sie nicht weg.*

Manche Leute sagen, man muss in Sachen Beziehungen viele „Erfahrungen sammeln" oder dass es voll normal ist, mit 13 den ersten Freund / Freundin zu haben. Doch meistens sammelt man mehr Verletzungen als Erfahrungen. Es lohnt sich, auf den / die Richtige(n) zu warten! Frage Dich immer: Kann ich mit ihm / ihr richtig reden, kenn ich ihn / sie gut genug? Verbindet uns der Glaube an Jesus? Und ganz ehrlich: Du verpasst NICHTS, wenn Du Dich für IHN oder SIE aufhebst!!

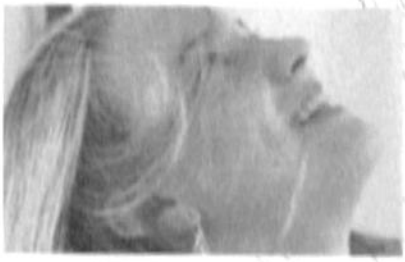

AUFGABE: Bete für Deine(n) zukünftige(n) Partner(in), auch wenn Du ihn / sie noch nicht kennst, und vertraue Deine Sorge, ihn zu finden, Gott an! Bist Du gerade verliebt? Dann übergib Jesus dieses Gefühl oder diese Beziehung und bitte ihn, damit das zu machen, was das Beste für Dich ist!

[super Buch über „wie finde ich den / die Richtige(n)": Warren, Neil: Frosch oder Prinz, kostet ca. 10 Euro]

tag 57: sex

Gen 2,24: „Darum verlässt der Mann Vater und Mutter und bindet sich an seine Frau, und sie werden ein Fleisch."

Du kannst mit Deinem Körper lügen oder die Wahrheit sagen, wie mit Worten. Wenn Du zu jemandem sagst: „Ich liebe Dich!", doch in echt findest Du ihn nur ganz nett, ist das gelogen. Der intensivste und innigste Liebesausdruck mit Deinem Körper ist, mit jemandem zu schlafen. Das bindet zwei Menschen so nah aneinander, dass es die Bibel „ein Fleisch" nennt. Erst, wenn Du wirklich mit Deinem Herzen 100% geben kannst, kannst Du auch mit Deinem Körper wirklich 100% geben - deshalb ist Sex ein wunderschönes Geschenk von Gott, das in die Ehe gehört. Und ich geb 100% von meinem Herzen, wenn ich mit jemandem wirklich mein ganzes Leben verbringen will.

AUFGABE: Hast Du mit Gott schon mal über Sex geredet? Bringe ihm heute im Gebet diesen Bereich und bitte ihn, Dir zu helfen, mit Deiner Sexualität so umzugehen, dass Du so lebst, wie er das gut findet und Du nicht unnötig verletzt wirst.

[Literaturtipp: Harris, Joshua: Ungeküsst und doch kein Frosch, kostet ca. 10 Euro]

tag 58: körper

1Kor 3,16: „Wisst ihr nicht, dass ihr Gottes Tempel seid und der Geist Gottes in euch wohnt? Wer den Tempel Gottes verdirbt, den wird Gott verderben. Denn Gottes Tempel ist heilig, und der seid ihr.“

Gott hat Dir einen Körper geschenkt! Du bist vielleicht nicht absolut zufrieden mit ihm, doch Gott will, dass wir ihn annehmen, wie er ist, ihn pflegen und nicht zerstören. Gott findet Deinen Körper schön! Deshalb ist es nicht ok, wenn Du Deinen Leib kaputt machst: durch Rauchen, Magersucht, Ritzen oder Drogen. Gott lädt Dich heute ein, Deinen Körper wertzuschätzen. Treib Sport, ernähr Dich gesund - das wird Dir helfen, Dich insgesamt wohler in Deiner Haut zu fühlen! [Ein super Buch zu diesem Thema: Jo Croissant: Der Leib - Tempel der Schönheit. ISBN: 3-907523-94-6; wenn Du Probleme mit Drogen, Borderline oder Essen hast, dann versuch bitte nicht, das alleine durchzukriegen, sondern suche professionelle Beratung!]

AUFGABE: Stell Dich vor den Spiegel und danke Gott für Deinen Körper. Mach das, gerade wenn es Dir auch schwer fällt. Sag Gott: „Danke, dass Du mich schön findest, so wie ich bin!“

tag 59: überleben an der schule

Phil 4,13: „Alles vermag ich durch ihn, der mir Kraft gibt."

Ein Schultag kommt einem manchmal vor wie das am schwersten zu überwindende Hindernis. Doch einige Tipps können Dir helfen, an der Schule zu überleben:

- bete für die Leute, die Dir schwerfallen: fiese Lehrer, bescheuerte Klassenkameraden - Du wirst sehen, die Situation wird sich ändern
- akzeptiere, dass Gott Dich in diese Schule und diese Klasse gestellt hat und dass er will, dass Du Deine Gaben einsetzt und lernst
- versuch, nicht zu lästern
- die Chance ist groß, dass Du früher oder später bei manchen Leuten aneckst, wenn Du entschieden als Christ lebst. Lass Dich dadurch nicht entmutigen, oft werden aus den schlimmsten Verfolgern echte Bewunderer, wenn sie sehen, dass Du echt überzeugt bist.

AUFGABE: Bete für die Dir unangenehmsten zwei Lehrer und zwei Klassenkameraden je 1 Minute!

tag 60: ziele

Phil 3,13-14: „Ich vergesse, was hinter mir liegt, und strecke mich aus nach dem, was vor mir ist. Das Ziel vor Augen jage ich nach dem Siegespreis: der himmlischen Berufung, die Gott uns in Christus Jesus schenkt."

Jeder Mensch hat Träume oder Wünsche, aber nicht jeder hat Ziele. Doch nur, wenn Du Dir auch realistische Ziele steckst, werden die großen Wünsche wahr. Was ist ein Ziel? Ein Ziel muss machbar, messbar und schriftlich sein. „Ich will ein guter Christ werden" ist kein Ziel sondern eine Absichtserklärung. Ein Ziel dagegen ist: „Ich mach jeden Tag von 7:00 bis 7:20 Uhr Gebetszeit." Jetzt am Ende von *basic* solltest Du ein paar Ziele ins Auge fassen. Eines davon (unter dem Begriff „Evangelisation") soll darum gehen, dass Du jemand in Deinem Umfeld auf eine christliche Veranstaltung einlädst oder ihm/ihr von Jesus erzählst.

Am Ende einer Woche kannst Du dann immer überprüfen, ob Du Deine Ziele erreicht hast. Und wenn ja, ein neues ins Auge fassen. Das ist ein entscheidender Schlüssel zu einem erfolgreichen Leben.

Am allerbesten ist es, wenn Du jemanden findest, dem Du die Ziele erklärst und der Dich dann überprüft / danach fragt.

60

AUFGABE: Formuliere Deine Ziele für die erste Woche nach *basic*!

meine ziele

beziehung zu gott

beziehung zu anderen

schule/job

evangelisation

... heul ... wein ... schluckz! ... das war's!

Das war basic - Deine 60 jesusmäßigen Tage. Aber sag mal: Waren sie wirklich jesusmäßig, oder hättest Du im Rückblick mehr draus machen können? Wenn sie nicht so optimal liefen, keine Sorge: Mach die Tage einfach nochmal durch!

Aber wenn Dir noch nicht so ganz nach Abschied zumute ist und Du in Kontakt bleiben willst, dann ist das hier was für Dich:

Der basic-Podcast ist Dein Survival-Kit für den Alltag, damit auch Deine nächsten 60, 600 und 6000 Tage jesusmäßig werden. Einfach auf www.podcast.revival.de gehen, dort den Podcast abonnieren und jede Woche gratis 'nen frischen Impuls auf Deinen mp3-Player oder das Handy ziehen. Im Netz findest Du auch Informationen über die Jugendarbeit der CE: www.jce-online.de www.revival.de ist die Jugendgruppe von Andy und www.gebetshaus.org die Initiative von Johannes.

Also: Wir hoffen, wir sehen uns! Lass krachen und viel Segen,
Deine Andy und Johannes

anhang

wo finde ich was in der Bibel?

1. Die Bibel besteht aus 73 einzelnen Büchern. Du findest sie im Inhaltsverzeichnis aufgelistet.

2. Jedes dieser Bücher gliedert sich in Kapitel, und jedes Kapitel besteht aus Versen, die etwa einen Satz lang sind.

3. Eine Bibelstelle wird angegeben, indem man die Abkürzung für das Buch (z. B. Apg für „Apostelgeschichte"), dann das Kapitel und dann den Vers nennt.

Ein Beispiel:

1 Kor 1,28

bedeutet: 1. Korintherbrief, 1. Kapitel, Vers 28. Und da steht: „Und das Niedrige in der Welt und das Verachtete hat Gott erwählt: das, was nichts ist, um das, was etwas ist, zu vernichten."

Alles klar?
Die Abkürzungen wirst Du nach und nach lernen. „Apg" steht für Apostelgeschichte, „Offb" für Offenbarung des Johannes. Einzig Verwirrendes: in evangelischen Übersetzungen heißen Genesis, Exodus, Levitikus, Numeri und Deuteronomium 1., 2., 3., 4. oder 5. Mose. Das sind die ersten 5 Bücher der Bibel.

Glaubensbekenntnis

Ich glaube an Gott, den Vater, den Allmächtigen, den Schöpfer des Himmels und der Erde, und an Jesus Christus, seinen eingeborenen Sohn, unsern Herrn, empfangen durch den Heiligen Geist, geboren von der Jungfrau Maria, gelitten unter Pontius Pilatus, gekreuzigt, gestorben und begraben, hinabgestiegen in das Reich des Todes, am dritten Tage auferstanden von den Toten, aufgefahren in den Himmel, er sitzt zur Rechten Gottes, des allmächtigen Vaters. Von dort wird er kommen, zu richten die Lebenden und die Toten. Ich glaube an den Heiligen Geist, die heilige katholische Kirche, die Gemeinschaft der Heiligen, Vergebung der Sünden, Auferstehung der Toten und das ewige Leben. Amen.

Vater unser

Vater unser im Himmel, geheiligt werde dein Name. Dein Reich komme. Dein Wille geschehe, wie im Himmel so auf Erden. Unser tägliches Brot gib uns heute. Und vergib uns unsere Schuld, wie auch wir vergeben unsern Schuldigern. Und führe uns nicht in Versuchung, sondern erlöse uns von dem Bösen. Denn dein ist das Reich und die Kraft und die Herrlichkeit in Ewigkeit. Amen.

Psalm 5

[Für den Chormeister. Zum Flötenspiel. Ein Psalm Davids.]
2 Höre meine Worte, Herr, /
achte auf mein Seufzen!
3 Vernimm mein lautes Schreien, mein König und mein Gott,
denn ich flehe zu dir.
4 Herr, am Morgen hörst du mein Rufen, /
am Morgen rüst ich das Opfer zu, halte Ausschau nach dir.
5 Denn du bist kein Gott, dem das Unrecht gefällt; /
der Frevler darf nicht bei dir weilen.
6 Wer sich brüstet, besteht nicht vor deinen Augen; /
denn dein Hass trifft alle, die Böses tun.
7 Du lässt die Lügner zugrunde gehn, /
Mörder und Betrüger sind dem Herrn ein Gräuel.
8 Ich aber darf dein Haus betreten /
dank deiner großen Güte, ich werfe mich nieder in Ehrfurcht /
vor deinem heiligen Tempel.
9 Leite mich, Herr, in deiner Gerechtigkeit, / meinen Feinden
zum Trotz; / ebne deinen Weg vor mir!
10 Aus ihrem Mund kommt kein wahres Wort, /
ihr Inneres ist voll Verderben. Ihre Kehle ist ein offenes Grab, /
aalglatt ist ihre Zunge.
11 Gott, lass sie dafür büßen; /
sie sollen fallen durch ihre eigenen Ränke. Verstoße sie
wegen ihrer vielen Verbrechen; /
denn sie empören sich gegen dich.
12 Doch alle sollen sich freuen, die auf dich vertrauen, /
und sollen immerfort jubeln. Beschütze alle, die deinen
Namen lieben, / damit sie dich rühmen.
13 Denn du, Herr, segnest den Gerechten. /
Wie mit einem Schild deckst du ihn mit deiner Gnade.

Psalm 8

[Für den Chormeister. Nach dem Kelterlied. Ein Psalm
Davids.]
2 Herr, unser Herrscher, /
wie gewaltig ist dein Name auf der ganzen Erde; /
über den Himmel breitest du deine Hoheit aus.
3 Aus dem Mund der Kinder und Säuglinge schaffst du dir
Lob, / deinen Gegnern zum Trotz; /
4 Seh ich den Himmel, das Werk deiner Finger, /
Mond und Sterne, die du befestigt:
5 Was ist der Mensch, dass du an ihn denkst, /
des Menschen Kind, dass du dich seiner annimmst?
6 Du hast ihn nur wenig geringer gemacht als Gott, /
hast ihn mit Herrlichkeit und Ehre gekrönt.
7 Du hast ihn als Herrscher eingesetzt über das Werk
deiner Hände, / hast ihm alles zu Füßen gelegt:
8 All die Schafe, Ziegen und Rinder /
und auch die wilden Tiere,
9 die Vögel des Himmels und die Fische im Meer, /
alles, was auf den Pfaden der Meere dahinzieht.
10 Herr, unser Herrscher, /
wie gewaltig ist dein Name auf der ganzen Erde!

Psalm 16

[Ein Lied Davids.] Behüte mich, Gott, denn ich vertraue dir. /
2 Ich sage zum Herrn: «Du bist mein Herr; /
mein ganzes Glück bist du allein.»
3 An den Heiligen im Lande, den Herrlichen, /
an ihnen nur hab ich mein Gefallen.
4 Viele Schmerzen leidet, wer fremden Göttern folgt. /

Ich will ihnen nicht opfern, /
ich nehme ihre Namen nicht auf meine Lippen.
5 Du, Herr, gibst mir das Erbe und reichst mir den Becher; /
du hältst mein Los in deinen Händen.
6 Auf schönem Land fiel mir mein Anteil zu. /
Ja, mein Erbe gefällt mir gut.
7 Ich preise den Herrn, der mich beraten hat. /
Auch mahnt mich mein Herz in der Nacht.
8 Ich habe den Herrn beständig vor Augen. /
Er steht mir zur Rechten, ich wanke nicht.
9 Darum freut sich mein Herz und frohlockt meine Seele; /
auch mein Leib wird wohnen in Sicherheit.
10 Denn du gibst mich nicht der Unterwelt preis; /
du lässt deinen Frommen das Grab nicht schauen.
11 Du zeigst mir den Pfad zum Leben. /
Vor deinem Angesicht herrscht Freude in Fülle, /
zu deiner Rechten Wonne für alle Zeit.

Psalm 22

[Für den Chormeister. Nach der Weise «Hinde der Morgen-
röte». Ein Psalm Davids.]
2 Mein Gott, mein Gott, warum hast du mich verlassen, /
bist fern meinem Schreien, den Worten meiner Klage?
3 Mein Gott, ich rufe bei Tag, doch du gibst keine Antwort; /
ich rufe bei Nacht und finde doch keine Ruhe.
4 Aber du bist heilig, /
du thronst über dem Lobpreis Israels.
5 Dir haben unsre Väter vertraut, /
sie haben vertraut und du hast sie gerettet.
6 Zu dir riefen sie und wurden befreit, /

dir vertrauten sie und wurden nicht zuschanden.
7 Ich aber bin ein Wurm und kein Mensch, /
der Leute Spott, vom Volk verachtet.
8 Alle, die mich sehen, verlachen mich, /
verziehen die Lippen, schütteln den Kopf:
9 «Er wälze die Last auf den Herrn, /
der soll ihn befreien! Der reiße ihn heraus, /
wenn er an ihm Gefallen hat.»
10 Du bist es, der mich aus dem Schoß meiner Mutter zog,
mich barg an der Brust der Mutter.
11 Von Geburt an bin ich geworfen auf dich, /
vom Mutterleib an bist du mein Gott.
12 Sei mir nicht fern, denn die Not ist nahe /
und niemand ist da, der hilft.
13 Viele Stiere umgeben mich, /
Büffel von Baschan umringen mich.
14 Sie sperren gegen mich ihren Rachen auf, /
reißende, brüllende Löwen.
15 Ich bin hingeschüttet wie Wasser, /
gelöst haben sich all meine Glieder. /
Mein Herz ist in meinem Leib wie Wachs zerflossen.
16 Meine Kehle ist trocken wie eine Scherbe, /
die Zunge klebt mir am Gaumen, /
du legst mich in den Staub des Todes.
17 Viele Hunde umlagern mich, /
eine Rotte von Bösen umkreist mich. /
Sie durchbohren mir Hände und Füße.
18 Man kann all meine Knochen zählen; /
sie gaffen und weiden sich an mir.
19 Sie verteilen unter sich meine Kleider /
und werfen das Los um mein Gewand.

20 Du aber, Herr, halte dich nicht fern! /
Du, meine Stärke, eil mir zu Hilfe!
21 Entreiße mein Leben dem Schwert, /
mein einziges Gut aus der Gewalt der Hunde!
22 Rette mich vor dem Rachen des Löwen, /
vor den Hörnern der Büffel rette mich Armen!
23 Ich will deinen Namen meinen Brüdern verkünden, /
inmitten der Gemeinde dich preisen.
24 Die ihr den Herrn fürchtet, preist ihn, /
ihr alle vom Stamm Jakobs, rühmt ihn; /
erschauert alle vor ihm, ihr Nachkommen Israels!
25 Denn er hat nicht verachtet, /
nicht verabscheut das Elend des Armen. Er verbirgt sein
Gesicht nicht vor ihm; /
er hat auf sein Schreien gehört.
26 Deine Treue preise ich in großer Gemeinde; /
ich erfülle meine Gelübde vor denen, die Gott fürchten.
27 Die Armen sollen essen und sich sättigen; /
den Herrn sollen preisen, die ihn suchen. / Aufleben soll
euer Herz für immer.
28 Alle Enden der Erde sollen daran denken /
und werden umkehren zum Herrn: /
Vor ihm werfen sich alle Stämme der Völker nieder.
29 Denn der Herr regiert als König; /
er herrscht über die Völker.
30 Vor ihm allein sollen niederfallen die Mächtigen der Erde, /
vor ihm sich alle niederwerfen, die in der Erde ruhen.
[Meine Seele, sie lebt für ihn; /
31 mein Stamm wird ihm dienen.] Vom Herrn wird man
dem künftigen Geschlecht erzählen, /
32 seine Heilstat verkündet man dem kommenden Volk; /
denn er hat das Werk getan.

Psalm 23

[Ein Psalm Davids.] Der Herr ist mein Hirte, /
nichts wird mir fehlen.
2 Er lässt mich lagern auf grünen Auen /
und führt mich zum Ruheplatz am Wasser.
3 Er stillt mein Verlangen; /
er leitet mich auf rechten Pfaden, treu seinem Namen.
4 Muss ich auch wandern in finsterer Schlucht, /
ich fürchte kein Unheil; denn du bist bei mir, /
dein Stock und dein Stab geben mir Zuversicht.
5 Du deckst mir den Tisch /
vor den Augen meiner Feinde. Du salbst mein Haupt mit Öl, /
du füllst mir reichlich den Becher.
6 Lauter Güte und Huld werden mir folgen mein Leben lang /
und im Haus des Herrn darf ich wohnen für lange Zeit.

Psalm 27

[Von David.] Der Herr ist mein Licht und mein Heil: /
Vor wem sollte ich mich fürchten? Der Herr ist die Kraft
meines Lebens: /
Vor wem sollte mir bangen?
2 Dringen Frevler auf mich ein, /
um mich zu verschlingen, meine Bedränger und Feinde, /
sie müssen straucheln und fallen.
3 Mag ein Heer mich belagern: /
Mein Herz wird nicht verzagen. Mag Krieg gegen mich
toben: /
Ich bleibe dennoch voll Zuversicht.
4 Nur eines erbitte ich vom Herrn, /
danach verlangt mich: Im Haus des Herrn zu wohnen /

alle Tage meines Lebens, die Freundlichkeit des Herrn zu
schauen /
und nachzusinnen in seinem Tempel.
5 Denn er birgt mich in seinem Haus /
am Tag des Unheils; er beschirmt mich im Schutz seines
Zeltes, /
er hebt mich auf einen Felsen empor.
6 Nun kann ich mein Haupt erheben /
über die Feinde, die mich umringen. Ich will Opfer darbringen
in seinem Zelt, Opfer mit Jubel; /
dem Herrn will ich singen und spielen.
7 Vernimm, o Herr, mein lautes Rufen; /
sei mir gnädig und erhöre mich!
8 Mein Herz denkt an dein Wort: «Sucht mein Angesicht!» /
Dein Angesicht, Herr, will ich suchen.
9 Verbirg nicht dein Gesicht vor mir; /
weise deinen Knecht im Zorn nicht ab! /
Du wurdest meine Hilfe. Verstoß mich nicht, verlass mich nicht, /
du Gott meines Heiles!
10 Wenn mich auch Vater und Mutter verlassen, /
der Herr nimmt mich auf.
11 Zeige mir, Herr, deinen Weg, /
leite mich auf ebener Bahn trotz meiner Feinde!
12 Gib mich nicht meinen gierigen Gegnern preis; /
denn falsche Zeugen stehen gegen mich auf und wüten.
13 Ich aber bin gewiss, zu schauen /
die Güte des Herrn im Land der Lebenden.
14 Hoffe auf den Herrn und sei stark! /
Hab festen Mut und hoffe auf den Herrn!

Psalm 34

[Von David, als er sich vor Abimelech wahnsinnig stellte und
dieser ihn fortjagte und er ging.]
2 Ich will den Herrn allezeit preisen; /
immer sei sein Lob in meinem Mund.
3 Meine Seele rühme sich des Herrn; /
die Armen sollen es hören und sich freuen.
4 Verherrlicht mit mir den Herrn, /
lasst uns gemeinsam seinen Namen rühmen.
5 Ich suchte den Herrn und er hat mich erhört, /
er hat mich all meinen Ängsten entrissen.
6 Blickt auf zu ihm, so wird euer Gesicht leuchten /
und ihr braucht nicht zu erröten.
7 Da ist ein Armer; er rief und der Herr erhörte ihn. /
Er half ihm aus all seinen Nöten.
8 Der Engel des Herrn umschirmt alle, die ihn fürchten und
ehren, /und er befreit sie.
9 Kostet und seht, wie gütig der Herr ist; /
wohl dem, der zu ihm sich flüchtet!
10 Fürchtet den Herrn, ihr seine Heiligen; /
denn wer ihn fürchtet, leidet keinen Mangel.
11 Reiche müssen darben und hungern; /
wer aber den Herrn sucht, braucht kein Gut zu entbehren.
12 Kommt, ihr Kinder, hört mir zu! /
Ich will euch in der Furcht des Herrn unterweisen.
13 Wer ist der Mensch, der das Leben liebt /
und gute Tage zu sehen wünscht?
14 Bewahre deine Zunge vor Bösem /
und deine Lippen vor falscher Rede!
15 Meide das Böse und tu das Gute; /
suche Frieden und jage ihm nach!

16 Die Augen des Herrn blicken auf die Gerechten, /
seine Ohren hören ihr Schreien.
17 Das Antlitz des Herrn richtet sich gegen die Bösen, /
um ihr Andenken von der Erde zu tilgen.
18 Schreien die Gerechten, so hört sie der Herr; /
er entreißt sie all ihren Ängsten.
19 Nahe ist der Herr den zerbrochenen Herzen, /
er hilft denen auf, die zerknirscht sind.
20 Der Gerechte muss viel leiden, /
doch allem wird der Herr ihn entreißen.
21 Er behütet all seine Glieder, /
nicht eines von ihnen wird zerbrochen.
22 Den Frevler wird seine Bosheit töten; /
wer den Gerechten hasst, muss es büßen.
23 Der Herr erlöst seine Knechte; /
straflos bleibt, wer zu ihm sich flüchtet.

Psalm 42

[Für den Chormeister. Ein Weisheitslied der Korachiter.]
2 Wie der Hirsch lechzt nach frischem Wasser, /
so lechzt meine Seele, Gott, nach dir.
3 Meine Seele dürstet nach Gott, /
nach dem lebendigen Gott. Wann darf ich kommen /
und Gottes Antlitz schauen?
4 Tränen waren mein Brot bei Tag und bei Nacht; /
denn man sagt zu mir den ganzen Tag: /
«Wo ist nun dein Gott?»
5 Das Herz geht mir über, wenn ich daran denke: /
wie ich zum Haus Gottes zog in festlicher Schar, /
mit Jubel und Dank in feiernder Menge.
6 Meine Seele, warum bist du betrübt /

und bist so unruhig in mir? Harre auf Gott; denn ich werde
ihm noch danken, /
meinem Gott und Retter, auf den ich schaue.
7 Betrübt ist meine Seele in mir, darum denke ich an dich /
im Jordanland, am Hermon, am Mizar-Berg.
8 Flut ruft der Flut zu beim Tosen deiner Wasser, /
all deine Wellen und Wogen gehen über mich hin.
9 Bei Tag schenke der Herr seine Huld; /
ich singe ihm nachts und flehe zum Gott meines Lebens.
10 Ich sage zu Gott, meinem Fels: /
«Warum hast du mich vergessen? Warum muss ich
trauernd umhergehen, /
von meinem Feind bedrängt?»
11 Wie ein Stechen in meinen Gliedern /
ist für mich der Hohn der Bedränger; denn sie rufen mir
ständig zu: /
«Wo ist nun dein Gott?»
12 Meine Seele, warum bist du betrübt /
und bist so unruhig in mir? Harre auf Gott; denn ich werde
ihm noch danken, /
meinem Gott und Retter, auf den ich schaue.

Psalm 51

[als der Prophet Natan zu ihm kam, nachdem sich David mit
Batseba vergangen hatte.]
3 Gott, sei mir gnädig nach deiner Huld, /
tilge meine Frevel nach deinem reichen Erbarmen!
4 Wasch meine Schuld von mir ab /
und mach mich rein von meiner Sünde!
5 Denn ich erkenne meine bösen Taten, /
meine Sünde steht mir immer vor Augen.

6 Gegen dich allein habe ich gesündigt, /
ich habe getan, was dir missfällt. So behältst du recht mit
deinem Urteil, / rein stehst du da als Richter.
7 Denn ich bin in Schuld geboren; /
in Sünde hat mich meine Mutter empfangen.
8 Lauterer Sinn im Verborgenen gefällt dir, /
im Geheimen lehrst du mich Weisheit.
9 Entsündige mich mit Ysop, dann werde ich rein; /
wasche mich, dann werde ich weißer als Schnee.
10 Sättige mich mit Entzücken und Freude! /
Jubeln sollen die Glieder, die du zerschlagen hast.
11 Verbirg dein Gesicht vor meinen Sünden, /
tilge all meine Frevel!
12 Erschaffe mir, Gott, ein reines Herz /
und gib mir einen neuen, beständigen Geist!
13 Verwirf mich nicht von deinem Angesicht /
und nimm deinen heiligen Geist nicht von mir!
14 Mach mich wieder froh mit deinem Heil /
mit einem willigen Geist rüste mich aus!
15 Dann lehre ich Abtrünnige deine Wege /
und die Sünder kehren um zu dir.
16 Befrei mich von Blutschuld, Herr, du Gott meines Heiles, /
dann wird meine Zunge jubeln über deine Gerechtigkeit.
17 Herr, öffne mir die Lippen /
und mein Mund wird deinen Ruhm verkünden.
18 Schlachtopfer willst du nicht, ich würde sie dir geben; /
an Brandopfern hast du kein Gefallen.
19 Das Opfer, das Gott gefällt, ist ein zerknirschter Geist, /
ein zerbrochenes und zerschlagenes Herz wirst du, Gott,
nicht verschmähen.
20 In deiner Huld tu Gutes an Zion; /

bau die Mauern Jerusalems wieder auf!
21 Dann hast du Freude an rechten Opfern, /
an Brandopfern und Ganzopfern, /
dann opfert man Stiere auf deinem Altar.

Psalm 63

[Ein Psalm Davids, als er in der Wüste Juda war.]
2 Gott, du mein Gott, dich suche ich, /
meine Seele dürstet nach dir. Nach dir schmachtet mein Leib /
wie dürres, lechzendes Land ohne Wasser.
3 Darum halte ich Ausschau nach dir im Heiligtum, /
um deine Macht und Herrlichkeit zu sehen.
4 Denn deine Huld ist besser als das Leben; /
darum preisen dich meine Lippen.
5 Ich will dich rühmen mein Leben lang, /
in deinem Namen die Hände erheben.
6 Wie an Fett und Mark wird satt meine Seele, /
mit jubelnden Lippen soll mein Mund dich preisen.
7 Ich denke an dich auf nächtlichem Lager /
und sinne über dich nach, wenn ich wache.
8 Ja, du wurdest meine Hilfe; /
jubeln kann ich im Schatten deiner Flügel.
9 Meine Seele hängt an dir, /
deine rechte Hand hält mich fest.
10 Viele trachten mir ohne Grund nach dem Leben, /
aber sie müssen hinabfahren in die Tiefen der Erde.
11 Man gibt sie der Gewalt des Schwertes preis, /
sie werden eine Beute der Schakale.
12 Der König aber freue sich an Gott. /
Wer bei ihm schwört, darf sich rühmen. /
Doch allen Lügnern wird der Mund verschlossen.

Psalm 91

Wer im Schutz des Höchsten wohnt /
und ruht im Schatten des Allmächtigen,
2 der sagt zum Herrn: «Du bist für mich Zuflucht und Burg, /
mein Gott, dem ich vertraue.»
3 Er rettet dich aus der Schlinge des Jägers /
und aus allem Verderben.
4 Er beschirmt dich mit seinen Flügeln, /
unter seinen Schwingen findest du Zuflucht, /
Schild und Schutz ist dir seine Treue.
5 Du brauchst dich vor dem Schrecken der Nacht nicht zu
fürchten, /
noch vor dem Pfeil, der am Tag dahinfliegt,
6 nicht vor der Pest, die im Finstern schleicht, /
vor der Seuche, die wütet am Mittag.
7 Fallen auch tausend zu deiner Seite, /
dir zur Rechten zehnmal tausend, /
so wird es doch dich nicht treffen.
8 Ja, du wirst es sehen mit eigenen Augen, /
wirst zuschauen, wie den Frevlern vergolten wird.
9 Denn der Herr ist deine Zuflucht, /
du hast dir den Höchsten als Schutz erwählt.
10 Dir begegnet kein Unheil, /
kein Unglück naht deinem Zelt.
11 Denn er befiehlt seinen Engeln, /
dich zu behüten auf all deinen Wegen.
12 Sie tragen dich auf ihren Händen, /
damit dein Fuß nicht an einen Stein stößt;
13 du schreitest über Löwen und Nattern, /
trittst auf Löwen und Drachen.
14 «Weil er an mir hängt, will ich ihn retten; /

ich will ihn schützen, denn er kennt meinen Namen.
15 Wenn er mich anruft, dann will ich ihn erhören. /
Ich bin bei ihm in der Not, /
befreie ihn und bringe ihn zu Ehren.
16 Ich sättige ihn mit langem Leben /
und lasse ihn schauen mein Heil.»

Psalm 96

Singt dem Herrn ein neues Lied, /
singt dem Herrn, alle Länder der Erde!
2 Singt dem Herrn und preist seinen Namen, /
verkündet sein Heil von Tag zu Tag!
3 Erzählt bei den Völkern von seiner Herrlichkeit, /
bei allen Nationen von seinen Wundern!
4 Denn groß ist der Herr und hoch zu preisen, /
mehr zu fürchten als alle Götter.
5 Alle Götter der Heiden sind nichtig, /
der Herr aber hat den Himmel geschaffen.
6 Hoheit und Pracht sind vor seinem Angesicht, /
Macht und Glanz in seinem Heiligtum.
7 Bringt dar dem Herrn, ihr Stämme der Völker, /
bringt dar dem Herrn Lob und Ehre!
8 Bringt dar dem Herrn die Ehre seines Namens, /
spendet Opfergaben und tretet ein in sein Heiligtum!
9 In heiligem Schmuck werft euch nieder vor dem Herrn, /
erbebt vor ihm, alle Länder der Erde!
10 Verkündet bei den Völkern: /
Der Herr ist König. Den Erdkreis hat er gegründet, sodass
er nicht wankt. / Er richtet die Nationen so, wie es recht ist.
11 Der Himmel freue sich, die Erde frohlocke, /
es brause das Meer und alles, was es erfüllt.

12 Es jauchze die Flur und was auf ihr wächst. /
Jubeln sollen alle Bäume des Waldes
13 vor dem Herrn, wenn er kommt, /
wenn er kommt, um die Erde zu richten. Er richtet den
Erdkreis gerecht / und die Nationen nach seiner Treue.

Psalm 103

[Von David.] Lobe den Herrn, meine Seele, /
und alles in mir seinen heiligen Namen!
2 Lobe den Herrn, meine Seele, /
und vergiss nicht, was er dir Gutes getan hat:
3 der dir all deine Schuld vergibt /
und all deine Gebrechen heilt,
4 der dein Leben vor dem Untergang rettet /
und dich mit Huld und Erbarmen krönt,
5 der dich dein Leben lang mit seinen Gaben sättigt; /
wie dem Adler wird dir die Jugend erneuert.
6 Der Herr vollbringt Taten des Heiles, /
Recht verschafft er allen Bedrängten.
7 Er hat Mose seine Wege kundgetan, /
den Kindern Israels seine Werke.
8 Der Herr ist barmherzig und gnädig, /
langmütig und reich an Güte.
9 Er wird nicht immer zürnen, /
nicht ewig im Groll verharren.
10 Er handelt an uns nicht nach unsern Sünden /
und vergilt uns nicht nach unsrer Schuld.
11 Denn so hoch der Himmel über der Erde ist, /
so hoch ist seine Huld über denen, die ihn fürchten.
12 So weit der Aufgang entfernt ist vom Untergang, /
so weit entfernt er die Schuld von uns.

13 Wie ein Vater sich seiner Kinder erbarmt, /
so erbarmt sich der Herr über alle, die ihn fürchten.
14 Denn er weiß, was wir für Gebilde sind; /
er denkt daran: Wir sind nur Staub.
15 Des Menschen Tage sind wie Gras, /
er blüht wie die Blume des Feldes.
16 Fährt der Wind darüber, ist sie dahin; /
der Ort, wo sie stand, weiß von ihr nichts mehr.
17 Doch die Huld des Herrn währt immer und ewig /
für alle, die ihn fürchten und ehren; sein Heil erfahren noch
Kinder und Enkel; /
18 alle, die seinen Bund bewahren, /
an seine Gebote denken und danach handeln.
19 Der Herr hat seinen Thron errichtet im Himmel, /
seine königliche Macht beherrscht das All.
20 Lobt den Herrn, ihr seine Engel, /
ihr starken Helden, die seine Befehle vollstrecken, /
seinen Worten gehorsam!
21 Lobt den Herrn, all seine Scharen, /
seine Diener, die seinen Willen vollziehen!
22 Lobt den Herrn, all seine Werke, /
an jedem Ort seiner Herrschaft! /
Lobe den Herrn, meine Seele!

Psalm 119

[Alef] Wohl denen, deren Weg ohne Tadel ist, /
die leben nach der Weisung des Herrn.
2 Wohl denen, die seine Vorschriften befolgen /
und ihn suchen von ganzem Herzen,
3 die kein Unrecht tun /
und auf seinen Wegen gehn.

4 Du hast deine Befehle gegeben, /
damit man sie genau beachtet.
5 Wären doch meine Schritte fest darauf gerichtet, /
deinen Gesetzen zu folgen!
6 Dann werde ich niemals scheitern, /
wenn ich auf all deine Gebote schaue.
7 Mit lauterem Herzen will ich dir danken, /
wenn ich deine gerechten Urteile lerne.
8 Deinen Gesetzen will ich immer folgen. /
Lass mich doch niemals im Stich! (Bet)
9 Wie geht ein junger Mann seinen Pfad ohne Tadel? /
Wenn er sich hält an dein Wort.
10 Ich suche dich von ganzem Herzen. /
Lass mich nicht abirren von deinen Geboten!
11 Ich berge deinen Spruch im Herzen, /
damit ich gegen dich nicht sündige.
12 Gepriesen seist du, Herr. /
Lehre mich deine Gesetze!
13 Mit meinen Lippen verkünde ich /
alle Urteile deines Mundes.
14 Nach deinen Vorschriften zu leben /
freut mich mehr als großer Besitz.
15 Ich will nachsinnen über deine Befehle /
und auf deine Pfade schauen.
16 Ich habe meine Freude an deinen Gesetzen, /
dein Wort will ich nicht vergessen. (Gimel)
17 Tu deinem Knecht Gutes, erhalt mich am Leben! /
Dann will ich dein Wort befolgen.
18 Öffne mir die Augen /
für das Wunderbare an deiner Weisung!
19 Ich bin nur Gast auf Erden. /
Verbirg mir nicht deine Gebote!

20 In Sehnsucht nach deinem Urteil /
verzehrt sich allezeit meine Seele.
21 Du drohst den Stolzen. /
Verflucht sei, wer abirrt von deinen Geboten.
22 Nimm von mir Schmach und Verachtung! /
Denn was du vorschreibst, befolge ich.
23 Wenn auch Fürsten gegen mich beraten: /
dein Knecht sinnt nach über deine Gesetze.
24 Deine Vorschriften machen mich froh; /
sie sind meine Berater. (Dalet)
25 Meine Seele klebt am Boden. /
Durch dein Wort belebe mich!
26 Ich habe dir mein Geschick erzählt und du erhörtest mich. /
Lehre mich deine Gesetze!
27 Lass mich den Weg begreifen, den deine Befehle mir zeigen, /
dann will ich nachsinnen über deine Wunder.
28 Meine Seele zerfließt vor Kummer. /
Richte mich auf durch dein Wort!
29 Halte mich fern vom Weg der Lüge; /
begnade mich mit deiner Weisung!
30 Ich wählte den Weg der Wahrheit; /
nach deinen Urteilen hab ich Verlangen.
31 Ich halte an deinen Vorschriften fest. /
Herr, lass mich niemals scheitern!
32 Ich eile voran auf dem Weg deiner Gebote, /
denn mein Herz machst du weit. (He)
33 Herr, weise mir den Weg deiner Gesetze! /
Ich will ihn einhalten bis ans Ende.
34 Gib mir Einsicht, damit ich deiner Weisung folge /
und mich an sie halte aus ganzem Herzen.
35 Führe mich auf dem Pfad deiner Gebote! /
Ich habe an ihm Gefallen.

36 Deinen Vorschriften neige mein Herz zu, /
doch nicht der Habgier!
37 Wende meine Augen ab von eitlen Dingen; /
durch dein Wort belebe mich!
38 Erfülle deinem Knecht die Verheißung, /
die allen gilt, die dich fürchten und ehren.
39 Wende die Schande ab, vor der mir graut; /
denn deine Entscheide sind gut.
40 Nach deinen Befehlen hab ich Verlangen. /
Gib mir neue Kraft durch deine Gerechtigkeit! (Waw)
41 Herr, deine Huld komme auf mich herab /
und deine Hilfe, wie du es verheißen hast.
42 Dann kann ich dem, der mich schmäht, erwidern; /
denn ich vertraue auf dein Wort.
43 Entziehe meinem Mund nicht das Wort der Wahrheit! /
Ich hoffe so sehr auf deine Entscheide.
44 Ich will deiner Weisung beständig folgen, /
auf immer und ewig.
45 Dann schreite ich aus auf freier Bahn; /
denn ich frage nach deinen Befehlen.
46 Deine Gebote will ich vor Königen bezeugen /
und mich nicht vor ihnen schämen.
47 An deinen Geboten habe ich meine Freude, /
ich liebe sie von Herzen.
48 Ich erhebe meine Hände zu deinen Geboten; /
nachsinnen will ich über deine Gesetze. (Sajin)
49 Denk an das Wort für deinen Knecht, /
durch das du mir Hoffnung gabst.
50 Das ist mein Trost im Elend: /
Deine Verheißung spendet mir Leben.
51 Frech verhöhnen mich die Stolzen; /

ich aber weiche nicht ab von deiner Weisung.
52 Denke ich an deine Urteile seit alter Zeit, /
Herr, dann bin ich getröstet.
53 Zorn packt mich wegen der Frevler, /
weil sie deine Weisung missachten.
54 Zum Lobgesang wurden mir deine Gesetze /
im Haus meiner Pilgerschaft.
55 In der Nacht denke ich, Herr, an deinen Namen; /
ich will deine Weisung beachten.
56 Deine Befehle zu befolgen /
ist das Glück, das mir zufiel. (Chet)
57 Mein Anteil ist der Herr; /
ich habe versprochen, dein Wort zu beachten.
58 Ich suche deine Gunst von ganzem Herzen. /
Sei mir gnädig nach deiner Verheißung!
59 Ich überdenke meine Wege, /
zu deinen Vorschriften lenke ich meine Schritte.
60 Ich eile und säume nicht, /
deine Gebote zu halten.
61 Auch wenn mich die Stricke der Frevler fesseln, /
vergesse ich deine Weisung nicht.
62 Um Mitternacht stehe ich auf, urn dich zu preisen /
wegen deiner gerechten Entscheide.
63 Ich bin ein Freund all derer, die dich fürchten und ehren, /
und aller, die deine Befehle befolgen.
64 Von deiner Güte, Herr, ist die Erde erfüllt. /
Lehre mich deine Gesetze! (Tet)
65 Du hast deinem Knecht Gutes erwiesen, /
o Herr, nach deinem Wort.
66 Lehre mich Erkenntnis und rechtes Urteil! /
Ich vertraue auf deine Gebote.

67 Ehe ich gedemütigt wurde, ging mein Weg in die Irre; /
nun aber halte ich mich an deine Verheißung.
68 Du bist gut und wirkst Gutes. /
Lehre mich deine Gesetze!
69 Stolze verbreiten über mich Lügen, /
ich aber halte mich von ganzem Herzen an deine Befehle.
70 Abgestumpft und satt ist ihr Herz, /
ich aber ergötze mich an deiner Weisung.
71 Dass ich gedemütigt wurde, war für mich gut; /
denn so lernte ich deine Gesetze.
72 Die Weisung deines Mundes ist mir lieb, /
mehr als große Mengen von Gold und Silber. (Jod)
73 Deine Hände haben mich gemacht und geformt. /
Gib mir Einsicht, damit ich deine Gebote lerne.
74 Wer dich fürchtet, wird mich sehen und sich freuen; /
denn ich warte auf dein Wort.
75 Herr, ich weiß, dass deine Entscheide gerecht sind; /
du hast mich gebeugt, weil du treu für mich sorgst.
76 Tröste mich in deiner Huld, /
wie du es deinem Knecht verheißen hast.
77 Dein Erbarmen komme über mich, damit ich lebe; /
denn deine Weisung macht mich froh.
78 Schande über die Stolzen, die mich zu Unrecht bedrücken!
Ich aber sinne nach über deine Befehle.
79 Mir sollen sich alle zuwenden, die dich fürchten und ehren
und die deine Vorschriften kennen.
80 Mein Herz richte sich ganz nach deinen Gesetzen; /
dann werde ich nicht zuschanden. (Kaf)
81 Nach deiner Hilfe sehnt sich meine Seele; /
ich warte auf dein Wort.
82 Meine Augen sehnen sich nach deiner Verheißung, /

sie fragen: Wann wirst du mich trösten?
83 Ich bin wie ein Schlauch voller Risse, /
doch deine Gesetze habe ich nicht vergessen.
84 Wie viele Tage noch bleiben deinem Knecht? /
Wann wirst du meine Verfolger richten?
85 Stolze stellen mir Fallen, /
sie handeln nicht nach deiner Weisung.
86 Zuverlässig sind all deine Gebote. /
Zu Unrecht verfolgt man mich. Komm mir zu Hilfe!
87 Fast hätte man mich von der Erde ausgetilgt; /
dennoch halte ich fest an deinen Befehlen.
88 In deiner großen Huld lass mich leben /
und ich will beachten, was dein Mund mir gebietet. (Lamed)
89 Herr, dein Wort bleibt auf ewig, /
es steht fest wie der Himmel.
90 Deine Treue währt von Geschlecht zu Geschlecht; /
du hast die Erde gegründet, sie bleibt bestehen.
91 Nach deiner Ordnung bestehen sie bis heute /
und dir ist alles dienstbar.
92 Wäre nicht dein Gesetz meine Freude, /
ich wäre zugrunde gegangen in meinem Elend.
93 Nie will ich deine Befehle vergessen; /
denn durch sie schenkst du mir Leben.
94 Ich bin dein, errette mich! /
Ich frage nach deinen Befehlen.
95 Frevler lauern mir auf, um mich zu vernichten; /
doch mein Sinn achtet auf das, was du gebietest.
96 Ich sah, dass alles Vollkommene Grenzen hat; /
doch dein Gebot kennt keine Schranken. (Mem)
97 Wie lieb ist mir deine Weisung; /
ich sinne über sie nach den ganzen Tag.

98 Dein Gebot macht mich weiser als all meine Feinde; /
denn immer ist es mir nahe.
99 Ich wurde klüger als all meine Lehrer; /
denn über deine Vorschriften sinne ich nach.
100 Mehr Einsicht habe ich als die Alten; /
denn ich beachte deine Befehle.
101 Von jedem bösen Weg halte ich meinen Fuß zurück; /
denn ich will dein Wort befolgen.
102 Ich weiche nicht ab von deinen Entscheiden, /
du hast mich ja selbst unterwiesen.
103 Wie köstlich ist für meinen Gaumen deine Verheißung, /
süßer als Honig für meinen Mund.
104 Aus deinen Befehlen gewinne ich Einsicht, /
darum hasse ich alle Pfade der Lüge. (Nun)
105 Dein Wort ist meinem Fuß eine Leuchte, /
ein Licht für meine Pfade.
106 Ich tat einen Schwur und ich will ihn halten: /
Ich will deinen gerechten Entscheidungen folgen.
107 Herr, ganz tief bin ich gebeugt. /
Durch dein Wort belebe mich!
108 Herr, nimm mein Lobopfer gnädig an /
und lehre mich deine Entscheide!
109 Mein Leben ist ständig in Gefahr, /
doch ich vergesse nie deine Weisung.
110 Frevler legen mir Schlingen, /
aber ich irre nicht ab von deinen Befehlen.
111 Deine Vorschriften sind auf ewig mein Erbteil; /
denn sie sind die Freude meines Herzens.
112 Mein Herz ist bereit, dein Gesetz zu erfüllen /
bis ans Ende und ewig. (Samech)
113 Zwiespältige Menschen sind mir von Grund auf verhasst,
doch dein Gesetz ist mir lieb.

114 Du bist mein Schutz und mein Schild, /
ich warte auf dein Wort.
115 Weicht zurück von mir, ihr Bösen! /
Ich will die Gebote meines Gottes befolgen.
116 Stütze mich, damit ich lebe, wie du es verheißen hast. /
Lass mich in meiner Hoffnung nicht scheitern!
117 Gib mir Halt, dann finde ich Rettung; /
immer will ich auf deine Gesetze schauen.
118 Alle, die sich von deinen Gesetzen entfernen, verwirfst du;
denn ihr Sinnen und Trachten ist Lüge.
119 Alle Frevler im Land sind für dich wie Schlacken, /
darum liebe ich, was du gebietest.
120 Aus Ehrfurcht vor dir erschauert mein Leib, /
vor deinen Urteilen empfinde ich heilige Scheu. (Ajin)
121 Ich tue, was recht und gerecht ist. /
Gib mich meinen Bedrückern nicht preis!
122 Verbürg dich für das Wohl deines Knechtes, /
damit die Stolzen mich nicht unterdrücken.
123 Meine Augen sehnen sich nach deiner Hilfe, /
nach deiner gerechten Verheißung.
124 Handle an deinem Knecht nach deiner Huld /
und lehre mich deine Gesetze!
125 Ich bin dein Knecht. Gib mir Einsicht, /
damit ich verstehe, was du gebietest.
126 Herr, es ist Zeit zu handeln; /
man hat dein Gesetz gebrochen.
127 Darum liebe ich deine Gebote /
mehr als Rotgold und Weißgold.
128 Darum lebe ich genau nach deinen Befehlen; /
ich hasse alle Pfade der Lüge. (Pe)
129 Deine Vorschriften sind der Bewunderung wert; /
darum bewahrt sie mein Herz.

130 Die Erklärung deiner Worte bringt Erleuchtung, /
den Unerfahrenen schenkt sie Einsicht.
131 Weit öffne ich meinen Mund /
und lechze nach deinen Geboten; /
denn nach ihnen hab ich Verlangen.
132 Wende dich mir zu, sei mir gnädig, /
wie es denen gebührt, die deinen Namen lieben.
133 Festige meine Schritte, wie du es verheißen hast. /
Lass kein Unrecht über mich herrschen!
134 Erlöse mich aus der Gewalt der Menschen; /
dann will ich deine Befehle halten.
135 Lass dein Angesicht leuchten über deinem Knecht /
und lehre mich deine Gesetze!
136 Tränenbäche strömen aus meinen Augen, /
weil man dein Gesetz nicht befolgt. [Zade]
137 Herr, du bist gerecht /
und deine Entscheide sind richtig.
138 Du hast deine Vorschriften erlassen in Gerechtigkeit /
und in großer Treue.
139 Der Eifer für dich verzehrt mich; /
denn meine Gegner vergessen deine Worte.
140 Deine Worte sind rein und lauter; /
dein Knecht hat sie lieb.
141 Ich bin gering und verachtet, /
doch ich vergesse nie deine Befehle.
142 Deine Gerechtigkeit bleibt ewig Gerechtigkeit, /
deine Weisung ist Wahrheit.
143 Mich trafen Not und Bedrängnis, /
doch deine Gebote machen mich froh.
144 Deine Vorschriften sind auf ewig gerecht. /
Gib mir Einsicht, damit ich lebe. [...]

Psalm 139

[Für den Chormeister. Ein Psalm Davids.]
Herr, du hast mich erforscht und du kennst mich. /
2 Ob ich sitze oder stehe, du weißt von mir. /
Von fern erkennst du meine Gedanken.
3 Ob ich gehe oder ruhe, es ist dir bekannt; /
du bist vertraut mit all meinen Wegen.
4 Noch liegt mir das Wort nicht auf der Zunge - /
du, Herr, kennst es bereits.
5 Du umschließt mich von allen Seiten /
und legst deine Hand auf mich.
6 Zu wunderbar ist für mich dieses Wissen, /
zu hoch, ich kann es nicht begreifen.
7 Wohin könnte ich fliehen vor deinem Geist, /
wohin mich vor deinem Angesicht flüchten?
8 Steige ich hinauf in den Himmel, so bist du dort; /
bette ich mich in der Unterwelt, bist du zugegen.
9 Nehme ich die Flügel des Morgenrots /
und lasse mich nieder am äußersten Meer,
10 auch dort wird deine Hand mich ergreifen /
und deine Rechte mich fassen.
11 Würde ich sagen: «Finsternis soll mich bedecken, /
statt Licht soll Nacht mich umgeben», /
12 auch die Finsternis wäre für dich nicht finster, die Nacht
würde leuchten wie der Tag, /
die Finsternis wäre wie Licht.
13 Denn du hast mein Inneres geschaffen, /
mich gewoben im Schoß meiner Mutter.
14 Ich danke dir, dass du mich so wunderbar gestaltet hast.
Ich weiß: Staunenswert sind deine Werke.
15 Als ich geformt wurde im Dunkeln, /

kunstvoll gewirkt in den Tiefen der Erde, /
waren meine Glieder dir nicht verborgen.
16 Deine Augen sahen, wie ich entstand, /
in deinem Buch war schon alles verzeichnet; meine Tage
waren schon gebildet, /
als noch keiner von ihnen da war.
17 Wie schwierig sind für mich, o Gott, deine Gedanken, /
wie gewaltig ist ihre Zahl!
18 Wollte ich sie zählen, es wären mehr als der Sand.
Käme ich bis zum Ende, wäre ich noch immer bei dir.
24 Sieh her, ob ich auf dem Weg bin, der dich kränkt,
und leite mich auf dem altbewährten Weg!

Psalm 150

Halleluja! Lobt Gott in seinem Heiligtum, /
lobt ihn in seiner mächtigen Feste!
2 Lobt ihn für seine großen Taten, /
lobt ihn in seiner gewaltigen Größe!
3 Lobt ihn mit dem Schall der Hörner, /
lobt ihn mit Harfe und Zither!
4 Lobt ihn mit Pauken und Tanz, /
lobt ihn mit Flöten und Saitenspiel!
5 Lobt ihn mit hellen Zimbeln, /
6 Lobt ihn mit klingenden Zimbeln.
Alles was atmet, lobe den Herrn! Halleluja!

John 3:16